# SE VOCÊ PARA, VOCÊ CAI

# J. J. CAMARGO

# SE VOCÊ PARA, VOCÊ CAI

L&PM
EDITORES

Texto de acordo com a nova ortografia.

As crônicas deste livro foram publicadas originalmente no jornal *Zero Hora*

*Capa*: Ivan Pinheiro Machado. *Ilustração*: iStock
*Preparação*: Mariana Donner da Costa
*Revisão*: Jó Saldanha

CIP-Brasil. Catalogação na publicação
Sindicato Nacional dos Editores de Livros, RJ.

C178s

Camargo, José. J., 1946-
    Se você para, você cai / José. J. Camargo. – 1. ed. – Porto Alegre [RS]: L&PM, 2019.
    208 p. ; 21 cm.

    ISBN 978-85-254-3843-0

    1. Crônicas brasileiras. I. Título.

19-55974                    CDD: 869.8
                                CDU: 82-94(81)

Vanessa Mafra Xavier Salgado - Bibliotecária - CRB-7/6644

© J.J. Camargo, 2019

Todos os direitos desta edição reservados a L&PM Editores
Rua Comendador Coruja, 314, loja 9 – Floresta – 90.220-180
Porto Alegre – RS – Brasil / Fone: 51.3225.5777

PEDIDOS & DEPTO. COMERCIAL: vendas@lpm.com.br
FALE CONOSCO: info@lpm.com.br
www.lpm.com.br

Impresso no Brasil
Outono de 2019

# Sumário

Introdução ............................................................. 11
Não deixe a tristeza escolher você ........................ 15
O substituto ........................................................... 17
Moacyr Scliar era muitos ....................................... 19
Das nossas perdas .................................................. 21
Depois do fim do medo .......................................... 23
A falta que fazem as coisas mais simples ............. 25
A vida depois do topo depende de você ................ 28
O bem que o bem faz ............................................. 30
A ameaça da inutilidade ........................................ 32
A catedral nossa de cada dia ................................. 34
A dúvida é melhor do que a certeza ruim ............. 36
O novo sempre vem ............................................... 38
Quando a vida cabe numa agenda ........................ 40
A ironia de morrer tentando evitar a morte ......... 43
Esperando o mar cansar ........................................ 46
As necessidades de cada um ................................. 48
A saudade e a rede social ...................................... 50
Das pessoas mais simples ..................................... 53
Do que será que será? ............................................ 55

O amor é construção. O fim dele, também ............... 57
Não morrer antes de morrer ............... 60
E não podia simplesmente dar certo? ............... 63
Viver ou não, a divisória sutil ............... 66
Morrer no inverno ............... 68
Enquanto a civilidade não chega. E chegará? ............... 71
Escassa vocação para o Nobel ............... 74
Experiência de ciclista: se você para, você cai ............... 77
O que só uma mãe perdoa ............... 79
Não deixe que percebam a tua pressa ............... 81
O esqueleto da utopia ............... 83
Os que nunca desistem ............... 86
Por quem choramos ............... 89
Morte encefálica e as vidas que devem continuar ............... 92
Ser mãe não é pra qualquer pai ............... 95
Cuide do futuro. Você vai precisar dele ............... 98
Os fragmentos escorregadios da memória ............... 101
Última promessa ............... 103
Onde estão todos? Alguém pode me ouvir? ............... 106
O risco de se ter opinião ............... 109
Qualquer desatenção ............... 112
O que fazer com uma amizade virtual? ............... 114
Os aborígines não emigram ............... 116
A pressa: uma doença do nosso tempo ............... 119
O amor não precisa ser politicamente correto ............... 122
Houve um tempo em que só tínhamos que
    ser médicos ............... 124
Só conseguimos ser do jeito que somos ............... 127
S.O.S. humanismo ............... 130
Solidão é ruim. A dois é pior ............... 132

O caráter e a rejeição........................................................... 135
Também se ri. Às vezes, muito........................................ 138
A verdade cruel e inútil.................................................... 140
A distância entre intenção e gesto................................. 143
O afeto está nos pequenos detalhes.............................. 145
A velhice, em nova versão............................................... 147
Ética – prêmio e castigo................................................... 150
Mantenha sua gratidão atualizada................................. 152
Também se morre do medo de morrer......................... 154
Tão diferente e tão igual.................................................. 157
O respeito ao ritual........................................................... 160
De mãos estendidas.......................................................... 163
Uma linguagem universal................................................ 166
Viver é encher o calendário de aniversários................ 169
Na morte não se improvisa............................................. 172
A fadiga do sofrimento.................................................... 175
A pequena grande parte de cada um............................. 178
Os filhos nunca crescem.................................................. 181
Sentir-se médico................................................................ 184
Para nunca esquecer......................................................... 187
Quanto importa o que os outros pensam?.................. 190
Os raivosos........................................................................ 193
Dos nossos limites............................................................ 195
Os que nunca erram......................................................... 198
O que ainda está vivo em nós........................................ 200
Compaixão? Não pretenda ensinar!.............................. 203

Sobre o autor..................................................................... 206

Dedico este livro aos meus alunos da UFCSPA, que despertaram em mim o prazer de ensinar e tantas vezes alertaram do que eu não poderia esquecer.

# Introdução

TODOS APRENDEMOS COM o convívio humano, e muito mais se o nosso interlocutor estiver assustado. O medo, e especialmente o medo da morte, autentica as pessoas de tal modo, que não há ninguém mais sincero do que um paciente grave.

E este conviva, assim autenticado, é a matéria-prima diária que deve tornar o médico sensível, um especialista em gente.

O crescimento vertiginoso do conhecimento médico tem sido festejado no mundo todo, elevando universalmente a expectativa de vida. O crescimento exponencial desses índices, entretanto, não tem merecido o reconhecimento da população, que apesar de beneficiada pela sobrevida ascendente se percebe fraudada em termos de relação humana.

Toda a tecnologia, incluída entre as grandes conquistas da humanidade, não tem evitado que os pacientes idosos falem com nostalgia dos médicos de antigamente, revelando que em algum ponto desta trajetória vitoriosa perdemos o contato com a verdadeira necessidade do paciente, num descompasso emocional lastimável.

O valor desse progresso nunca será bem avaliado pelo paciente, porque todos os avanços alardeados não modificaram em nada a ansiedade, o medo do desconhecido e a dependência afetiva de quem foi surpreendido pela possibilidade de morrer.

Pelo contrário, a relação apressada, a agenda espremida e a despersonalização da figura do médico só têm contribuído para aumentar a sensação de abandono, descaso e solidão, compondo o cenário triste e deprimente que envolve o profissional da atualidade, cada vez mais qualificado tecnicamente, mas que, sem afeto, nunca conhecerá a maior das maravilhas da medicina: o encanto de ser escolhido pelo paciente.

Considerando que o médico não consegue ser mais do que um ser humano, com seus problemas, angústias e limitações, precisamos criar instrumentos que funcionem como monitores éticos para corrigir-nos quando perdemos o rumo, pressionados por condições de trabalho adversas à relação médico-paciente. Tenho recomendado e me servido de uma estratégia útil: a de perguntar aos pacientes, especialmente àqueles que passaram por uma experiência sofrida, o que foi o mais inesquecível daquela vivência.

É didático, constrangedor e deprimente que, tantas vezes, mesmo tendo estado próximo do paciente, não tenhamos sequer percebido o que ele assumiu como recordação maior. Este descompasso revela o quanto a nossa rotina pode construir uma barreira entre a naturalidade do que fazemos e a excepcionalidade da situação vivida por ele.

Que ninguém seja ingênuo de supor que alguém possa estar sugerindo que abdiquemos da tecnologia, ou que estejamos pondo nela a culpa pela precariedade da moderna relação médico-paciente. Nada disso. Devemos querer sempre mais avanços técnicos, mas sem permitir que estes progressos maravilhosos ofusquem a importância do humanismo nessa aproximação, que, no final das contas, será sempre um encontro de densidade emocional incomparável entre duas pessoas, somente duas, que eram completos desconhecidos, até que uma delas adoeceu. Para que essa relação se complete, alguns ingredientes são indispensáveis. Solenidade, afeto, parceria, tempo e disposição para ouvir formam a base de qualquer encontro que se pretenda sólido a ponto de desaguar no mais nobre dos sentimentos humanos: a gratidão.

A dra. Kate Rowland, da Rush University em Chicago, em recente publicação no *Lancet*, relata uma experiência impactante quando entrevistava um paciente terminal, no programa de cuidados paliativos. Ao anunciar como pretendia ajudá-lo, foi interrompida com a frase: "Mas você não me conhece!", deixando evidente que a doença, separada da pessoa, não é mais do que uma abstração da realidade e, como tal, está limitada aos laudos da radiologia ou da anatomia patológica. Porque, para o paciente, a doença só poderá ser avaliada pelo que significa de sofrimento, e este, como se sabe, é único e intransferível.

Equiparem-se as doenças e cada paciente sofrerá do seu jeito. Aprendi há muito tempo que o clássico "O que eu posso fazer para ajudá-lo?", como estratégia de apresentação afetiva, é insuficiente.

Devemos, pelo menos, acrescentar o que recomendou o dr. Flavio Kanter: "O que eu devo saber sobre o senhor e não sei?". Só assim deixaremos de ser vistos como operários burocratas que transitam pelos corredores do sofrimento com aquele ar enfarado de quem não tem nenhum compromisso com o sofredor, porque, afinal, não tem a menor ideia do que passa na cabeça dele. E se comporta como se não passasse nada.

Este livro, *Se você para, você cai,* trata da valorização do estilo de vida e da preservação da utilidade. Além disso, inclui muitas histórias de solidariedade e empatia, este binômio que fraciona tristezas e multiplica alegrias. E que é implacável na gratificação dos carinhosos e na punição dos indiferentes.

# Não deixe a tristeza escolher você

Enquanto eu caminhava pelo corredor em direção à sala de espera para informar a uma esposa de que seu marido acabara de falecer, me senti, outra vez, um principiante. Com a dor, qualquer tipo de dor, não há como se acostumar, ou treinar pra não sentir, ou elaborar na busca das palavras mais amenas. Como essa sensação de despreparo me persegue há décadas, só me resta ironizar os que acusam os médicos de se tornarem rígidos com o sofrimento dos outros. Ou admitir que tem uma coisa muito errada comigo.

Encontrei-a encaramujada numa poltrona, sentada sobre as pernas, envolta num poncho de lã parda. Não precisei falar. De alguma maneira nos comunicamos e as palavras tornaram-se supérfluas. Depois de um tempo em silêncio constrito, ela descreveu o dia em que se conheceram, e como souberam naquele encontro remoto que nunca mais suportariam ficar separados. Havia tanto encanto naquele relato e tanta força naquele sentimento, que quando nos despedimos, instintivamente, substituí o "lamento pela sua perda" por um inesperado "parabéns pela sua vida!". Ficamos abraçados por mais um tempo, solidários e silenciosos. No meu último aniversário, recebi dela uma mensagem, curta e suficiente: "Parabéns pela sua também!".

Claro que poucos têm, como ela, a intuição, a sorte ou a coragem de perceber, já no primeiro encontro, que aquela escolha era única e última. Por isso tanta gente passa pela vida tropeçando em afetos falsos ou instáveis, e se consome em pena de si mesma.

Tenho um amigo querido que curtiu uma paixão tão grande, mas tão grande, que quando percebeu que tinha terminado, adoeceu. Metade para se preparar, porque achou que ia morrer, e metade por não entender o que tinha acontecido. E no fundo, lá naquele recanto que a gente só acessa quando perde o sono de madrugada, ele acreditava que, se nem tinha percebido, merecia.

Vinte anos adiante, sem nunca mais ter amado, voltou para casa tarde da noite, depois de mais uma morna festa de aniversário, e encontrou, embaixo da porta, um cartão que dizia, simplesmente: "Eu queria te abraçar, como faço toda a noite antes de dormir. E tu, é claro, não percebes porque estás sempre ocupado com esses amores menores!".

Sentindo-se velho como nunca, conferiu se não tinha ninguém lá fora, se todas as portas estavam chaveadas, ligou o alarme, apagou a luz e se preparou pra dormir. Mas de que jeito, se o passado colocara pedras no travesseiro?

No dia seguinte, precisava acordar cedo. Com o sol, talvez fosse mais fácil conviver com a consciência latejando de afeto desperdiçado. Pelo menos até que a noite voltasse, e com ela, outra vez e sempre, a tristeza.

Ouvira muitas vezes que é tudo uma questão de dar tempo ao tempo, e acomodar no coração a ideia de que a vida não é mais do que uma infinita sucessão de perdas.

Mas ninguém lhe contara que às vezes nos perdemos de tanto não perceber o que estamos perdendo. E que a alma que envelhece só fica oca.

# O SUBSTITUTO

O SEU ARMANDO é um desses vigilantes anônimos que de afeto em riste não deixa passar nada que diga respeito ao objeto do seu carinho, ainda que silencioso e anônimo. Não o conhecia até que ele anunciou por e-mail que perguntara ao seu clínico se este achava razoável marcar uma horinha comigo para debater algumas coisas que o angustiavam na plenitude da sua lucidez, aos 92 anos de uma vida bem vivida. Curioso com a iniciativa, combinei um encontro no hospital, e na hora aprazada lá estava ele, elegantemente vestido, querendo pagar antecipadamente a consulta.

Bastante trêmulo por uma doença neurológica e levemente ofegante pelo enfisema, pediu um prazinho para se recompor, sempre preocupado que estivesse ocupando um tempo que ele fantasiava ser muito precioso, sem imaginar o quanto eu valorizaria o que estava por vir.

Descreveu suas limitações decorrentes da perda da sensibilidade fina, que o impedia de escrever ou digitar, e que fazia do barbear uma operação de risco.

E então desfiou um rosário de frases de crônicas que escrevi entre 2012 e 2017, quando reiteradamente tratei do envelhecer com dignidade, ou da diferença entre viver e simplesmente durar, e que ele então evocava para construir a argumentação de um pedido evidente, mas nunca explicitado: a medicina, que tinha sido tão pródiga em recursos para fazê-lo chegar a esta idade, tinha agora a obrigação de ajudá-lo a morrer. Para reforçar seu pedido, ainda comentou pesaroso: "O senhor não imagina o quanto me incomoda perceber que sou um fardo para minha família. Se ao menos tivesse ficado caduco, eu não sofreria tanto!".

Não resisti a lhe perguntar por que escolhera a mim, entre tantos médicos, para essas ponderações, e ele foi duma simpatia comovedora: "Acho que de tanto concordar com o que o senhor escreve, passei a acreditar que o senhor escrevia pra mim!".

"Acontece, seu Armando, que o velho inútil que descrevi naquelas crônicas não combina em nada com a sua cabeça lúcida e inteligente, e como o senhor não vai morrer antes de morrer, nós só precisamos dar uma utilidade ao seu durar. A propósito, eu tive um avô maravilhoso, que me estimulava muito e me distinguia com um afeto que marcou minha vida. Passados já tantos anos, ainda sinto muito a falta dele. Então, queria lhe perguntar se o senhor se importaria de ser meu avô."

Com um choro bem encaminhado, interrompi: "Mas nem pense em ser um avô decorativo, porque temos muitas coisas pra fazer juntos. E a primeira tarefa será um relatório quinzenal das suas ideias porque eu vou precisar muito delas".

Secando as lágrimas com as costas da mão trêmula, ele se antecipou: "Então, vou ter que conseguir alguém que digite pra mim!".

Quando já bem chorados, nos despedimos, e ele reconheceu a transformação: "Obrigado, doutor, mas que vergonha! Vim aqui só pra me queixar da vida e nem tinha percebido que ela ainda me queria!".

# Moacyr Scliar era muitos

UMA FACETA MENOS conhecida de Moacyr Scliar, a do profissional médico, não faz justiça à sua figura como sanitarista profundamente preocupado com a saúde pública e com importantes contribuições neste campo, que ainda era pouco explorado quando ele iniciou a sua trilha. Encantado por uma área todavia embrionária da medicina, Scliar teve oportunidade de emprestar-lhe inteligência, dedicação e entusiasmo, reconhecidos por seus parceiros de trabalho.

Mesmo quando passou a ser reconhecido como escritor de renome internacional, jamais deixou de exercer sua atividade médica, pelo contrário, dedicou-lhe mais energia para seguir atendendo pacientes e ensinando, depois que descobriu o fascínio de interagir com a inquietude da mocidade.

Na universidade foi um dos pioneiros na discussão sobre a importância da introdução de ciências humanas nos currículos médicos, depois que percebeu, muito precocemente, que o incremento fascinante da tecnologia estava gerando um distanciamento intolerável entre médicos cada vez mais soberbos e pacientes cada vez mais solitários.

Numa autocrítica divertida do tempo de estudante, gostava de contar uma experiência de ambulatório, quando atendeu a um velhinho com muita falta de ar e com manifestações clínicas clássicas que permitiram ao novato fazer o diagnóstico pontual de insuficiência cardíaca descompensada. Essa informação não impressionou em nada o paciente, que insistia que tudo se devia ao fato de ter comido um ovo duro. Como a sugestão era obviamente desbaratada, ele seguiu na solicitação dos exames de praxe.

Quando, excitadíssimo, estava no meio da prescrição que haveria de consagrar sua condição de novo talento em diagnóstico, percebeu que o paciente tinha ido embora: na ânsia de exibir-se como exímio cardiologista, esquecera de ser médico.

Scliar gostava de contar este episódio porque reconhecia nele um marco na sua formação acadêmica, por ter-lhe aberto o horizonte para a importância de um jeito de ser médico que deve cuidar não apenas das doenças, mas das pessoas que adoeceram.

E foi neste contexto que nos conhecemos: preparando Jornadas de Humanização Médica através da discussão da interface da medicina e da literatura.

Difícil determinar a extensão dos benefícios daquelas noites de deslumbramento, em que histórias e trechos de livros famosos eram entusiasticamente debatidos.

Mas a julgar pela emoção que tantas vezes escorreu pelo auditório, me arriscaria a dizer que aqueles jovens nunca mais ousariam pensar o exercício médico com indiferença. Porque naquele exercício de solidariedade estava sendo plantada a semente mais profícua: a do humanismo.

# Das nossas perdas

Podemos perder um amigo por culpa dele (os outros não são perfeitos), ou por culpa nossa (temo que talvez também não sejamos), ou os perdemos sem saber por quê. Qualquer perda é dolorosa, ainda mais que a conquista de um amigo dá trabalho e exige cuidados e delicadeza para protegê-lo sem sufocá-lo, manter-se disponível sem se oferecer, provê-lo de afeto para que não desidrate, e de esperança verdadeira, para que não desista da gente, ou morra.

Além disso, há que se ter muito cuidado com as críticas, porque amigo não é o que só aplaude, mas aquele que quando critica sempre acerta na hora e na dose.

Por mais próximos que nos sintamos de alguém, é importante não esquecer que amizade exige respeito, não aquele que intimida e afasta, mas o que aproxima e enternece. É tão árduo lograr a espontaneidade na construção da amizade, que quando ela se desfaz por alguma desinteligência ou mal-entendido, ficamos desconfortáveis por tempo indeterminado, com direito a agudizações, quando uma circunstância qualquer restabelece uma conexão na memória, esse lugar misterioso onde repousam as coisas boas de lembrar e algumas ótimas de esquecer.

Existem relações ásperas que, enquanto duram, machucam, e nos intervalos latejam, e quando finalmente terminam, mesmo constrangidos pelo tempo de afeto desperdiçado, não conseguimos dissimular um alívio libertador.

Infelizmente, as lembranças desagradáveis, tal como os perfumes de segunda categoria, têm fixadores mais fortes, e permanecem atazanando durante mais tempo do que seria um castigo merecido, e estarão sempre de prontidão para ocupar o sono interrompido naquelas madrugadas inquietas em que dobramos o travesseiro só para descobrir que é melhor baixo do que alto demais.

Outras vezes, somos vítimas de conflitos bobos, mas que podem resultar em estragos afetivos irreparáveis se nenhuma das partes tiver a iniciativa salvadora da reconciliação precoce; e então o desconforto, sustentado pela distância forçada, acaba dando tempo ao rancor, que cozido a fogo lento pode multiplicar-se até o dane-se, com constrangidos desejos de morte.

Conheci irmãos que se odiaram pela vida toda. Quando reunidos pela perda de um dos pais, se deram conta, envergonhados, que nenhum dos dois lembrava mais o motivo da briga.

Alguns amigos são protagonistas ruidosos, e outros, calados (meus prediletos), com quem já testamos a intensidade da amizade pelos longos silêncios compartilhados, sem que nenhum dos dois sentisse necessidade de dizer coisa nenhuma.

A cumplicidade no silêncio é, certamente, um dos sinais mais seguros de solidez na amizade. Por quê? Porque na falta de convicção e confiança, tagarelamos. E alguém que não tem convicção e não inspira confiança nem sei por que foi citado nesta crônica.

# Depois do fim do medo

COM A CRESCENTE qualificação da medicina, mais vidas têm sido resgatadas, para alegria dos envolvidos e orgulho dos protagonistas. O risco previsível, e que se confirmou, foi a perda da naturalidade da morte.

A dona Jandira tinha três filhos morando aqui e um militar que, com sua saudade itinerante, ao ser avisado pelos irmãos que a mãe estava às margens da morte e que não havia mais nada para fazer exceto dar-lhe conforto, aportou pleno de indignação, com aquela fúria com que o médico experiente identifica a quilômetros de distância o filho relapso, inconsolável pela consciência da perda definitiva do mais doce instrumento de amor, negligenciado.

A história daquela família é a rotina para os grupos de cuidados paliativos, um dos setores da medicina em mais rápida expansão, na medida em que se tenta corrigir a grave distorção de considerar a impossibilidade de terapia curativa como o fim do cuidado médico.

Na verdade, em poucos momentos da atividade médica há tanto a oferecer quanto no final da vida, desde que se tenha clara a noção compadecida da importância da preservação do conforto, da autonomia e da dignidade.

Impossível conviver com os momentos finais de uma família sem reciclar os nossos valores essenciais. Ali estavam, lado a lado, e muitas vezes frente a frente, os sentimentos mais comuns quando se percebe a proximidade do fim. Num extremo o filho distante, esbravejando pela consciência do crime mais inafiançável: o da omissão de afeto. Do outro, os zelosos cuidadores, exauridos pelo esforço prolongado e inútil que chegara a um platô para eles desconhecido: o da fadiga do sofrimento, depois do qual, não havendo mais o que perder, qualquer desfecho parecerá generoso.

Em um dos diálogos finais, dona Jandira respondeu à pergunta do filho inconsolável: "Mãezinha, você não tem medo de morrer?". E ela, tomando-lhe a mão, com uma serenidade comovente, explicou-lhe: "Já tive muito. Mas isto foi antes de ter aprendido o que o sofrimento faz com a gente. E então, de repente, eu descobri que estou pronta porque não sinto mais medo nenhum".

Exatamente o que relatam os sobreviventes das torturas mais cruéis ao descrever a inimaginável experiência do fim do medo, quando as vítimas assumem atitudes desdenhosas e provocativas que têm um efeito de perplexidade sobre o torturador, que depende do medo do torturado para sentir-se poderoso e, com isso, mascarar sua imensa covardia.

O vazio depois do medo é a resignação, ou a indiferença. E nesta fase não nos reconhecemos.

# A FALTA QUE FAZEM AS COISAS MAIS SIMPLES

O CONSULTÓRIO PODE ser um lugar monótono e desanimador, mas também pode ser divertido e estimulante. Claro que uma parte de como será vai depender do que você leva consigo, mas o mais instigante é não ter a menor ideia do que vai encontrar.

Muitas vezes penso nisso quando empurro a porta e abro o melhor sorriso para anunciar um simpático "boa tarde". Tudo aprendizado de anos de atendimento que me ensinaram o quanto é difícil restaurar uma relação que começou torta. Por isso insisto com os residentes da importância de ter em mente que aquele paciente saiu de casa com a maior expectativa, fantasiosa ou não, de que encontraria alguém capaz de ao menos ouvi-lo com dignidade, e isto não deve ser considerado um bônus do atendimento médico, mas a rotina entre duas pessoas estranhas, aproximadas por uma circunstância inesperada que vitimou emocionalmente uma delas.

E como o médico, por mais experiente e generoso que seja, não consegue carregar mais do que um ser humano com suas limitações, problemas e angústias, sempre haverá um dia daqueles, em que o modelo de gentileza e doçura não funciona.

Às vezes se consegue restaurar a cordialidade atropelada, outras não. Muitos meses depois da cirurgia, o Albino fez um comentário revelador: "Hoje, meu doutor, estamos comemorando o nosso aniversário de namoro. E depois de um ano posso lhe contar que só aguentei a primeira consulta porque me disseram que o senhor era muito bom pra consertar a traqueia das pessoas, mas que antipatia naquela segunda-feira!".

O comentário do Albino, um homem rude mas afetivo, tinha a sinceridade que marca as pessoas mais puras, e por isso mais confiáveis. Eu não lembrava do que tinha ocorrido na tal segunda-feira, mas fiquei com a certeza de que o extravasamento daquele mau humor, por mais justificado que fosse, tinha sido imperdoável. Menos mal que a tolerância do Albino permitira uma segunda chance, que quando negada deixa a sequela definitiva com que são penalizados os subestimadores do sofrimento alheio.

Outras vezes, a relação fortuita traz uma revelação inesperada e inesquecível. Quando abri a porta que dá acesso ao ambulatório dos pacientes mais humildes e chamei a dona Rosaura, não houve resposta imediata, até que uma velhinha, depois do segundo chamado, começou a se deslocar com aquela lerdeza de quem está iniciando a única tarefa do dia. Quando lhe dei a mão, a intenção, como sempre, era de cumprimentá-la, e então, metade porque ela tinha a pele com aquela inconfundível maciez da velhice, e outra metade porque queria ajudá-la a percorrer mais rapidamente o caminho até a minha sala, continuamos de mãos dadas.

Ao perguntar-lhe quais eram suas queixas, ela foi muito sincera: "Ah doutor, eu queria que o senhor não ficasse bravo comigo e me desculpasse por eu não ter nada doendo, mas eu só queria conversar com alguém, e já vou lhe contando que lá fora tem duas mulheres, até mais moças do que eu, que também não têm doença nenhuma. Mas o que aconteceu comigo aqui eu não esperava, e aquelas ciumentas nem vão acreditar. Desde que o Antenor morreu há treze anos, eu nunca mais tinha andado de mãos dadas com ninguém".

Uma dessas coisas simples, mas tão poderosas, que nos emprestou a sensação de que ali, naquele encontro generoso, havia muito mais do que duas mãos se tocando. Havia saudade, de doer. E ela encheu os olhos para confessar: "Tomara que o Antenor tenha ideia da falta que ele me faz!".

# A VIDA DEPOIS DO TOPO DEPENDE DE VOCÊ

É CONSTANTE A observação de que todo grande serviço ou empresa não teria existido se não fosse a iniciativa de uma única pessoa, e quase sempre com o mesmo perfil: inteligente, focado, escasso em sorrisos fúteis, ensimesmado, pouco influenciável pelas opiniões alheias. E, claro, com uma determinação capaz de vencer a inércia, a preguiça, o desânimo e o pessimismo da maioria que veio a este mundo sem preocupações com protagonismo.

Aprendi que estes ingredientes somados serão suficientes para fazer uma empresa decolar e conseguir uma posição de destaque na sua área de atuação, inclusive estimulando, pela liderança positiva, que pessoas jovens sigam essa trilha de sucesso. Mas aprendi também que toda liderança inspiradora no seu tempo de brilho não é capaz de manter a pujança da empresa depois que o líder se for, alimentada apenas pela pretérita contribuição anímica do pioneiro. A inspiração pelo exemplo magnífico pode ser comovedora, mas é efêmera para fins de objetivos duradouros.

Então, para se perpetuar, é preciso mais do que isto. É fundamental que aquele líder, inovador e afeito a desafios, além de empolgar os mais jovens, tenha sido humilde para atrair a parceria dos mais competentes e criativos, e conviver sem melindres com a possibilidade, sempre real, de ser ultrapassado por eles.

Infelizmente predomina em todas as áreas o modelo equivocado de exército de um homem só, que consegue despertar atenção e respeito enquanto dura, mas depois que se vai seu legado acaba varrido pelo triturador impiedoso do tempo, esse monstro que finge generosidade na preservação da memória do idolatrado mentor, mas é implacável no confronto competitivo da nova realidade, se não houver entre os herdeiros alguém que seja, pelo menos, do mesmo tamanho do líder que se foi.

E isto se explica: por mais que a trajetória do chefe tenha sido brilhante e memorável, o progresso futuro não usará lembrança, nem saudade, como combustível.

Quem em vida for mesquinho para se proteger da competição interna, deixando-se rodear apenas pelos medíocres subservientes, condenará a empresa da sua vida a ter uma vida só.

Como a manutenção do alto nível de uma instituição qualquer é tão ou mais difícil do que sua criação, a sequência de prosperidade não dependerá da quantidade de lacaios que se acercaram para aplaudir, mas da qualidade dos que já saltaram no barco com o remo na mão.

# O BEM QUE O BEM FAZ

UMA DAS DESCOBERTAS mais gratificantes de se manter uma coluna semanal no jornal é a cumplicidade de parte do público leitor por se identificar com uma determinada linha editorial.

Estabelecido esse vínculo afetivo, com alguma frequência recebemos textos que relatam histórias de vida que envolvem sentimentos comuns. Vejo isto como a confirmação de que as pessoas, na imensa maioria, são boas, e tendo descoberto o quanto é bom fazer o bem, sentem uma necessidade compulsória de compartilhar.

Algumas dessas mensagens chegam em momentos de carência afetiva nossa, e sentimos exatamente o que alguns leitores agradecidos escrevem: "Obrigado por ter escrito o que eu precisava ouvir, dando-me a impressão, não importa se falsa, de que você escreveu para mim".

Foi assim, com esse sentimento, que li a história enviada por uma leitora fiel e assumida e me comovi, porque ela reforça minha crença antiga de que, como declarou o bilionário John Paul DeJoria, em recente entrevista à *Veja*: "Fazer o bem aos outros dá um barato danado".

Uma jovem, que vou chamar de Vera Lúcia, trabalha numa elegante loja de roupas femininas, onde entrou uma mulher alta e obesa. A cliente circulou por ali e, sem perguntar nada, iniciou a busca de um vestido que lhe servisse. Seguiu revisando estante após estante sem encontrar e sem desistir. Para Vera Lúcia foi torturante vê-la no esforço inútil, porque sabia que não havia nada compatível, mas achou que seria grosseiro interrompê-la para anunciar a frustração definitiva.

Esperou até o último instante sem saber o que dizer, quando a senhora, com o olhar resignado, presumiu: "Vocês não têm nada GG, não é mesmo?".

E então a Vera se socorreu de uma sensibilidade tamanha que salvou o futuro dela como vendedora, a autoestima da freguesa, certamente vítima de discriminações constantes, e o meu fim de semana, quando recebi esta linda história.

Ela abriu os braços e disse: "Como que não? Olha só o tamanho deste abraço!".

A freguesa só conseguiu parar de chorar para agradecer: "Há muito tempo ninguém me abraçava assim!".

Em um mundo marcado pela solidão, um abraço GG pode ser a melhor terapia.

# A ameaça da inutilidade

Lembram quando surgiram os programas de xadrez no computador, e os enxadristas desafiavam a máquina, furiosamente? Pois é, modernamente a brincadeira perdeu a graça porque se você, um enxadrista brilhante, vencer uma partida, umazinha que seja, só tem uma recomendação: pare de usar programas ultrapassados, porque os atuais são imbatíveis. Se a interferência fosse só com a diversão, até poderia ser divertido, mas e se a IBM cria um programa de assessoria jurídica com desempenho vinte por cento melhor do que a sua respeitável e qualificada equipe de advocacia, você vai rir de quê?

E se uma relação de sintomas orientar uma máquina ao diagnóstico clínico com uma precisão que raros profissionais conseguirão rivalizar, ainda haverá comemoração porque seu filho, superinteligente, garantiu vaga numa das 327 faculdades de medicina espalhadas pelo país?

Encantados com o progresso, fomos assistindo às mudanças com o descompromisso de quem não tem nada com isso, mas ninguém imaginaria que em dez anos a grande Kodak, figurante durante cinquenta anos entre as dez maiores empresas do mundo, pudesse ser engolida pelo Instagram, ou que a gigante Blockbuster, a maior rede mundial de locadoras de filmes e videogames, fosse pulverizada pela Netflix. Ou que a Uber, sem ter um carro sequer, se transformasse na maior empresa de táxis do mundo. Ou que a Airbnb pudesse, dispensando o custo astronômico da construção de uma unidade do Hilton, por exemplo, assumir em menos de uma década a condição de maior rede hoteleira do planeta sem ter um alojamento que seja. E todos os que descrevem assombrados estas modificações reconhecem que elas estão apenas começando, e não há como ignorá-las ou reprimi-las.

A velocidade das transformações, identificadas como progressos da modernidade, vai em ritmo acelerado, criando um sem número de beneficiados e inevitavelmente outro tanto de excluídos. Com o aumento exponencial da curva de sobrevida da população, prevê-se que o número de banidos do mercado tenderá a aumentar nas próximas poucas décadas, muito provavelmente ultrapassando o de beneficiados, e então teremos infelicidade social. A menos que simultaneamente surjam programas avançadíssimos para domesticar os infelizes, talvez o futuro seja menos festejável do que imaginam os arautos do mundo novo.

Não podemos perder a perspectiva de que a substituição do homem pela máquina só será de fato benéfica se ela além de lhe trazer conforto preservar-lhe a utilidade, considerando que o ócio, para um grande percentual dos humanos, é insuportável, mesmo que as condições econômicas se mantenham estáveis.

Quem leu *Sapiens – Uma breve história da humanidade* e depois *Homo Deus*, de Yuval Noah Harari, com a descrição genial de como chegamos até aqui e o que nos espera nas próximas décadas, deve ter sido invadido pelos sentimentos mais díspares e paradoxais.

Eu não consideraria absurdo que quem virou o século com mais de sessenta anos tenha ido dormir com a sensação de que envelhecer, logo agora, talvez não tenha sido um azar tão grande assim.

# A CATEDRAL NOSSA DE CADA DIA

TODA EMPRESA QUE hierarquiza funcionários, depreciando aqueles cuja função exige menor qualificação intelectual e menor tempo de treinamento, está ignorando um princípio básico em gestão de pessoas: não existem tarefas secundárias. Talvez merecesse esta denominação aquelas desempenhadas por pessoas azedas, que nem se dão conta do quanto é perceptível a quem se acerca a proximidade de um infeliz com o que faz.

Em uma empresa que se relacione com o público, estas criaturas amargas precisam ser escondidas, e sempre penso no almoxarifado como o depósito adequado do mau humor – ainda que certamente lá também existam pessoas doces e generosas –, mas nunca poderia ser na recepção ou na telefonia, como tantas vezes acontece. Inúmeras histórias famosas reportam ganhos e perdas espetaculares em função do desempenho de funcionários que inconscientemente espantaram ou atraíram clientes importantes, simplesmente pelo jeito tosco ou carinhoso com que se expuseram.

O trabalho, qualquer trabalho, para quem odeia o que faz, funcionará sempre como uma forma de sofrimento, somente comparável com a penúria de quem adoece organicamente. Toda a função vista como odiosa pelo trabalhador se revela como uma enfermidade corrosiva e degradante. Além disso, essa forma de doença funcional, por todos os seus ingredientes, verdadeiros ou subjetivos, é altamente contagiosa e se espalha entre os circundantes com uma virulência inimaginável.

À semelhança da doença orgânica, na qual cada indivíduo diante da mesma condição patológica exibe sua maneira peculiar de sofrer, no trabalho isso se repete com graus distintos de entusiasmo, resiliência ou inconformidade diante de tarefas idênticas cumpridas por pessoas desiguais em ambição, sonhos, entusiasmo ou enfaro.

A Catedral de St. Paul, em Londres, erguida em homenagem a São Paulo, no século XVII, foi projetada pelo arquiteto Christopher Wren, que segundo se conta, certo dia, travestido de visitante comum, percorreu o canteiro de obras para ver como os operários trabalhavam e se impressionou com a diferença de atitude de três pedreiros: o primeiro não conseguia disfarçar o desconforto e frequentemente parava para secar o suor do rosto naquela tarde de verão, o segundo, em um esforço comedido, trabalhava em silêncio resignado, enquanto o terceiro exibia um entusiasmo incomum, assobiando ou cantarolando o tempo todo. Perguntado o primeiro o que fazia, a resposta foi típica: "Sofrendo aqui com este trabalho miserável, neste calor horrível!". A resposta do segundo foi a expressão do seu comportamento submisso: "Ganhando o sustento da minha família, porque, afinal, tenho mulher e três filhos para alimentar!". O terceiro interrompeu a cantoria para responder ao cumprimento do estranho e, quando perguntado o que fazia, colocou na resposta todo seu orgulho: "Eu estou construindo a Catedral de Londres, meu cavalheiro!".

Não importa se o seu instrumento de trabalho é uma pá, um carrinho de mão, um pincel, um bisturi, um laptop ou um violino. Sua vida só será plena se lhe emprestar a sensação de que está construindo, a cada dia, a sua própria catedral.

# A DÚVIDA É MELHOR DO QUE A CERTEZA RUIM

Os psiquiatras consideram normal que as crianças curtam um amigo imaginário. Isto ocorre com frequência maior do que se imagina, e aparentemente não depende do quanto elas possam se sentir sozinhas. Seria apenas uma fantasia inofensiva que oferece graciosamente um confidente, disponível como poucos e confiável como nenhum outro.

Curiosamente já encontrei pacientes bem velhinhos, olhados com desconfiança pelos mais generosos e tidos como dementes pelos mais cruéis, simplesmente porque foram flagrados em animadas conversas consigo mesmos. Mas não seria apenas a complementação do ciclo vital se repetindo nos extremos da vida? Passei a pensar nisso depois que o professor Tarantino, com seus quase 99 anos de lucidez absoluta, me confidenciou: "Muitas vezes na vida senti a presença do meu avô. E depois que envelheci, ele nunca mais largou da minha mão!".

Claro que esse tipo de relato só será bem dimensionado por quem tenha tido um avô interessante, o que infelizmente não é o mais comum. E nem recomendo argumentar com quem, sem poder escolher, nasceu numa família em que o avô era só o desinteressante mais antigo.

A Gláucia, com mais de oitenta anos, tagarelava o tempo todo com ou sem companhia, e a família fazia de conta que não percebia que ela improvisava uma cantoria quando era surpreendida conversando sozinha. Na verdade, era uma avó afofada pelos onze netos, que cuidando dela se revezaram em desvelo e agonia, sempre cobrando dos médicos a estimativa de uma data em que ela poderia voltar para casa. Quando ficou comprovado que a dor em faixa no abdome superior era um câncer avançado de pâncreas, ela soube disso pelos olhos incandescentes dos netos ao redor da cama.

As fases da revolta e da depressão foram prolongadas, e ela só passou para a etapa da barganha quando soube que uma neta que vivia nos Estados Unidos, e que recentemente dera à luz uma menina, estava vindo visitá-la. Nessa tarde, fez quimioterapia sem nenhum paraefeito. À noite não aceitou ser levada para a UTI, mesmo diante da ponderação de que seria apenas por poucas horas, necessárias para a reversão de uma arritmia cardíaca inesperada. E argumentou que ninguém merecia atravessar o mundo para encontrar sua avó entre máquinas. Na manhã seguinte, mesmo com uma palidez acentuada, estava irreconhecível: tinha dispensado a camisola do hospital e, vestida com elegância, penteava delicadamente os cabelos remanescentes do tratamento.

Confessou-me, com voz fraca, que sabia que estava morrendo, mas queria que lhe prometesse fazer o impossível para que vivesse até o fim da semana: ela precisava conhecer a sua única bisneta, antes de partir. Sem ter mais o que prometer, prometi.

Contra todas as probabilidades agarramo-nos à esperança, o mais frágil dos nossos delicados fios de sustentação. Uma pena que a morte, pouco afeita a acordos, tenha ignorado as promessas. E o coração, outro displicente, parou na madrugada do sábado em que a bisneta chegaria.

A vida bem que podia, esporadicamente, dar uma trégua. Não precisava ser sempre tão real.

# O NOVO SEMPRE VEM

Passada aquela fase da vida em que não temos ideia do que queremos ser, e com romantismo exagerado anunciamos o sonho de sermos bombeiros, astronautas ou jogadores de futebol, começa a temporada da incerteza, com períodos sombrios em que sentimos vontade de confessar a angústia de admitir que não gostamos de coisa nenhuma, pelo menos não dessas que estão por aí.

Os pais de um ou de muitos filhos conhecem a aflição do tempo passar, encerrando a inconsequência abençoada da infância e entrando na interminável adolescência, sem nenhuma vocação no horizonte, ainda que o rebento esteja sempre olhando pra lá.

É tão crítica essa ansiedade que, passado um tempo, os pais já admitem que os projetos sonhados para sua prole eram mesmo utópicos, e de bom grado aceitariam alternativas funcionais, quaisquer delas, desde que despertassem paixão nos olhos das suas crias.

A nossa maturidade se anuncia com a percepção de que pessoas diferentes não conseguem se alimentar de sonhos idênticos, e finalmente o entendimento de que projetos capazes de acelerar os corações de uns provocam bocejos em outros. E então só falta admitirmos que estamos sendo irracionais quando interferimos nas escolhas dos nossos filhos, e que temos que parar de pensar por eles com nossas cabeças antiquadas e dar espaço ao novo, porque, como cantou Belchior, "o novo sempre vem", e quase sempre vence. Não bastasse a agonia de reconhecer que paternidade rima, mas não é sinônimo de propriedade, outras surpresas nos aguardam: uma pena que lá atrás ninguém nos tenha avisado que essa aflição nunca termina, e que, definida a profissão, a expectativa recomeça com novos alvos e diferentes trilhas de conquistas, sucesso e frustração. Só então começamos a entender que ser pai é simples. É só estar disponível o tempo todo, e sempre.

 Mais adiante, com os filhos já encaminhados, é razoável se festejar a pausa da acomodação, da qual estão naturalmente excluídos os pais indecisos, aqueles que tiveram filhos distanciados no tempo, fazendo a preocupação com o destino dos herdeiros retardatários se sobrepor à educação dos netos. Ninguém imaginava, mas eles chegam com a insuspeitada função de manter os avós vigilantes com as ameaças novas, que para desespero de todos os responsáveis não causam nenhum temor nos ameaçados.

 Na serenidade da velhice, percebemos que tudo o que vivemos só tinha a missão de completar o ciclo, para no fim nos parecermos tanto com os nossos pais.

# Quando a vida cabe numa agenda

Havia uma serenidade sem amargura nas palavras do Maicon, um realismo incomum. Desde o começo da doença, ele foi revelando essa resignação sem desistência que só se encontra nos fortes, que não desperdiçam energia em lamentos ou fantasias. O que mais se assemelhava a uma queixa era a intolerância com promessas que nunca se cumpririam.

Quando quis saber de onde tirava toda a coragem, ele resumiu: "Que bom que dou essa impressão, porque odeio que alguém possa ter pena de mim. Então, se minha atitude parece corajosa, quer dizer que estou desempenhando bem meu papel. Na verdade, doutor, medo é o que mais sinto, mas meus pais, velhinhos como são, não precisam ser torturados com uma situação em que não saberiam o que fazer, e a impotência os liquidaria. Ontem, minha mãe esteve aqui e, depois que lhe disse o quanto estava melhor, ela começou a me contar como está preocupada com meu pai e suas mudanças de humor. Discutimos estratégias para enfrentar a dependência gradual do meu velho e, quando ela saiu, fiquei agradecido por ela não ter percebido que rabugice não mata e, de qualquer maneira, não viverei tempo suficiente para contribuir com o futuro que combinamos!".

Qualquer procedimento indicado para desacelerar o crescimento do seu tumor de fígado era precedido por uma bateria de perguntas sobre os riscos que correria, tempo de terapia intensiva e expectativa de internação mais prolongada, para que pudesse planejar o melhor dia da semana, quando sabia que todos estariam absortos com suas vidas saudáveis e não ficariam em torno dele numa vigília tensa e improdutiva. Sempre me impressionei com aqueles que, diante de uma grande ameaça, são capazes de manter o controle emocional para estabelecer prioridades e proteger a família de um sofrimento que só a eles cabe administrar. Como atestado de grandeza, evitam disseminar ansiedade entre aqueles que até gostariam, mas não têm como ajudar. Atribuir essa conduta à maturidade parece pouco. Há mais do que isso nesse esforço de proteger os seus de uma provação desgastante e inútil. Há uma enorme coragem em guardar para si o que aos outros machucaria daquele jeito que só sabem machucar as dores dos nossos amados. Uma tarde, encontrei-o distraído, brincando com o celular, e, de vez em quando, sorria. Confessou, então, ter encontrado uma tarefa divertida: "O senhor acredita que tenho mais de quinhentas criaturas na minha agenda? Pois só descobri isso agora, o que quer dizer que fui depositando lá contatos que nunca farei, e agora percebi que se recebesse a missão de contar minha triste história para dez agendados por dia, eu não conseguiria, porque tenho certeza de que não viverei o tempo necessário. Então, antes que tivesse a chance de me deprimir, tive uma ideia para gastar o tempo que me resta com alguma diversão: primeiro vou deletar os chatos, incluindo os síndicos e os vendedores de seguro, a seguir os que nunca mostraram a cara fora dos grupos de Whats, depois os que não tenho a menor ideia do que estão fazendo no meu celular porque não lembro deles, depois os parentes que nunca apareceram. Assim, na véspera, só restarão os meus favoritos, e desses vou poder me despedir com calma".

Ele morreu sem véspera, numa madrugada de sábado, aos cuidados de um irmão caçula. Dias depois, esse irmão me procurou: "Doutor, eu sei que ele gostava muito do senhor e, então, talvez possa me ajudar. Naquela noite, ficamos conversando até tarde, e ele parecia bem. Lá pelas duas da manhã, fui dormir e me acordei ao amanhecer, quando a enfermeira entrou no quarto e o encontrou morto, com o celular vibrando sobre o peito descoberto, e no visor estava escrito ELA. O senhor tem ideia de quem ELA possa ser?". Eu suspeitava que sim, mas disse que não. Recomendei que deletasse logo, porque nunca morremos sozinhos. A morte, além de impiedosa, é sempre coletiva, e arrasta nossos amores, secretos ou não. Com a morte DELE, ELA morria também. Combinamos assim. Ninguém que ame continua vivo, de verdade, depois que o amor morreu.

# A IRONIA DE MORRER TENTANDO EVITAR A MORTE

A CAPTAÇÃO DE órgãos sempre foi uma tarefa grandiosa, que desencadeia a energia euforizante que explica o espírito solidário das equipes e a ausência de cansaço nas intermináveis madrugadas.

O reconhecimento das pessoas que trabalham em hospitais onde se dá a captação, com atitudes de zelo quase maternal, oferecendo alimentação e carinho solidário, confirmam que todos os envolvidos estão tomados de uma emoção especial e intensa.

No outro extremo é sempre comovente a atitude das famílias doadoras, assistindo com olhar marejado às equipes captadoras se afastando com caixas de isopor contendo os órgãos de seus amados. Aprendi depois de algum tempo que aquele olhar é uma mistura de dor pela perda e gratificação por conta de um gesto de incomparável generosidade e grandeza, que haverá de salvar vidas de outras pessoas, poupando famílias, que nunca conhecerão, do mesmo sofrimento que naquele momento as consome.

Todos sabem que a doação não eliminará o sofrimento de quem doa, mas não duvidem que aquela atitude haverá de dar algum sentido à estupidez da morte na juventude, e que isso de alguma maneira e em algum momento será materializado na gratidão dos desconhecidos que sobreviveram.

O Cláudio, o Jean, o Jackson, o José Augusto e o Marco eram muito jovens (o mais velho deles tinha apenas 31 anos) e certamente nunca pensaram em ser heróis. Queriam apenas viver com intensidade a maravilhosa profissão que os acolheu e envelhecer com muitas histórias para contar aos netos, que haveriam de disputar espaço nos seus joelhos, deslumbrados com a coragem daqueles avôs que não tinham medo de nada.

Após participar de dezenas de captações em aviões precários e noites tormentosas, percebi que nunca falávamos de medo porque desenvolvêramos, inconscientemente, a ideia ingênua de que nada nos aconteceria. A catástrofe, e com ela a percepção de que a blindagem era falsa e que a morte tem critérios aleatórios de seleção, se materializou em pânico e frustração, que conservam aquele episódio incompreensível até hoje.

Vinte e um anos depois, o desespero, a incredulidade e a tristeza pela perda dos nossos meninos seguem vivos em nós, mas a lembrança da alegria do Jean ligando de dentro do avião com a informação de que, apesar da chuva, o piloto tinha recebido autorização para decolar, tem servido para sublimar o sofrimento e assumir que a vida tem que continuar.

Quanto mais não seja para desafiar a ironia do destino que ceifou a vida de jovens que só queriam evitar que outras se perdessem.

Incrível que duas décadas não significaram nada para apagar a dor da tragédia que começou a ser pressentida com a espera inútil, as chamadas desesperadas para o 99810027 que sempre caíam na caixa, o intervalo sem notícias, e por fim o comunicado seco e formal e a relação dos mortos anunciados pelo rádio, que conservam a noite de 1º de outubro de 1997 presente como uma chaga dolorosa.

A cada ano as homenagens se repetem, diferentes no formato e iguais no sentimento.

Cada vez que lembramos da energia que eles irradiavam, percebemos que a lembrança e a saudade se encarregam de remover as crostas do esquecimento, para assegurar que eles seguirão vivos enquanto viverem os que choraram abraçados, perplexos com a ironia do destino. Uma dor daquele tamanho é para sempre.

# Esperando o mar cansar

Numa extensão de uns cem metros o mar descarregou na praia uma enxurrada de algas escuras, decompostas e malcheirosas.

A areia emporcalhada era varrida com persistência por um grupo de garis, todos idosos, que iam ensacando os dejetos em bolsas de plástico preto, que eram empilhadas à espera que o caminhão da coleta as recolhesse mais tarde.

Ondas pequenas, mas carregadas de lixo marinho prenunciavam que a operação continuaria por muitos dias. Mas isso não parecia criar nenhum desconforto na equipe de limpeza, que seguia com seu trabalho, obstinado, silencioso e inútil.

Compadecido, me acerquei do mais velho deles e perguntei: "O senhor não desanima de ficar varrendo essa sujeira, se as ondas não param de trazer mais porcarias?". O velhinho me olhou com cara de alívio pela pausa justificada e disse: "Eu nunca penso nisto porque sei que, um dia, o mar vai cansar!".

Resisti à vontade de abraçá-lo e retomei a caminhada. Tinha que digerir essa lição de filosofia do cotidiano. E não fora uma simples aula de conformismo: havia ali muito de sabedoria. No caminho de volta, cutucado pela obviedade, me dei conta de que nós, conscientes ou não, gastamos um tempo enorme do nosso dia varrendo sujeira, real ou metafórica, trazida pelas circunstâncias, à revelia do nosso desejo, para atravancar nossa esperança e deturpar nossos sonhos.

Há muitos anos, convencido de que quem se desinteressa pelo passado não se habilita a construir o futuro, fui me envolvendo progressivamente com a história do Brasil. Então percebi, constrangido, que de tanto ver o presente repetindo o passado é utópico acreditar no país do futuro sem questionar: "Que futuro, se ele se parece cada vez menos com um país?".

O mar de lama tem transportado para a praia do nosso ânimo essa enxurrada de corrupção e pobreza de espírito responsável pela debandada das melhores cabeças de uma juventude que precisou de menos tempo do que a nossa geração para descrer.

Não há como negar a tristeza de assumir que, quando se aproxima uma eleição, renovamos a constrangedora discussão, dolorosamente realista, de qual candidato é menos ruim.

Muitas vezes tenho invejado a convicção daquele velhinho, porque os anos vão passando e eu cada vez acredito menos que, um dia, este mar de desilusão vá cansar.

# As necessidades de cada um

O PROBLEMA DO quanto precisamos ter para sermos felizes depende menos do que temos e muito mais do que acreditamos merecer.

A distância abismal entre os extremos da curva da ambição explica a felicidade genuína dos que quase nada tem e a amargura dos insaciáveis. Para os primeiros, qualquer coisa que ganhem ultrapassa a expectativa sempre modesta e gera uma gratidão comovente. Para os outros, nada corresponderá aos anseios de conquistas que fizeram por merecer ou supõem que fizeram. Nenhuma dádiva aplacará a ânsia de poder e reconhecimento, e de preferência de ambos, e em escala superlativa. A última semana do ano, pela tendência inevitável de inventariar o que fizemos, expõe essas diferenças de espírito de maneira muito evidente. A entrega de uma modesta cesta de Natal oferecida pela empresa ao seu funcionário mais humilde lhe coloca um brilho no olho pela antevisão da alegria com que será recebido na sua casinha alugada. O filho do milionário poderá voltar para a mansão emburrado porque saiu para dar um passeio com seu novo carro importado e não encontrou lugar para estacionar.

Perguntado num programa de rádio o que significava para mim o Natal, não tive dúvida em reconhecer que é o estímulo ao congraçamento. O encanto está em aproximar as pessoas, mesmo aquelas que não se encontraram para jantar durante o ano inteiro. E esperar que o convívio dilua as divergências que eventualmente existam, contando que o Natal, de um jeito meio mágico, desarme ânimos exaltados e deixe de ser apenas um festival de indiretas.

Essa ânsia de aproximação familiar explica o esvaziamento dos hospitais na proximidade das festas e o olhar fosco dos que não conseguiram ser liberados.

O João Estevam, com câncer avançado, me comoveu tanto pela tristeza que resolvi atropelar a realidade: "João, considere este Natal preso aqui como um investimento pelos muitos que terás no futuro". A resposta veio pronta: "Deus lhe compense pelo esforço de me convencer que isto será possível!". E o olho seguiu opaco.

Quando entrei na enfermaria de três pacientes, dois dos quais eu tinha prometido alta na véspera de Natal, encontrei-os de banho tomado e sacolas empanturradas. O terceiro paciente eu não conhecia, e era o único ainda em pijamas. Quando quis saber se ele também sairia, confessou desanimado: "Pois meu doutor disse que sim, mas ele ainda não apareceu!". Querendo ajudá-lo, prometi dar uma olhada no prontuário para ver se a alta era possível, mas ele antecipou: "Mas ainda vai me sobrar um problema, porque me faltam os 35 reais da passagem".

Disse-lhe que isso eu resolveria, mas ainda havia outra pendência: "O senhor vai ter que ligar para este celular da minha sobrinha, para que eles esperem por mim na rodoviária". Tudo resolvido, ele festejou: "Deus me ajuda, porque eu sempre tive pena de pobre azarado!".

# A saudade e a rede social

*Com o tempo não vamos ficando sozinhos apenas pelos que se foram: vamos ficando sozinhos uns dos outros.*

Mario Quintana

Estávamos acomodados no nosso canto, quando o guardião da saudade foi despertado de um sono de décadas e começaram a pipocar mensagens de carinho entre pessoas que, tendo estado confortavelmente incomunicáveis cuidando de filhos, netos e amores permanentes durante um longo tempo, nunca se deram conta de que tinham represado um estoque do bem querer mais genuíno.

E então aconteceu de alguém criar um grupo de WhatsApp, e isso promoveu o milagre de nos sentirmos emocionalmente ressuscitados. Lendo as dezenas de mensagens carinhosas e lembrando deles todos, e do quanto o convívio remoto tinha sido fraterno e generoso, foi inevitável sentir no meio do peito aquele leve aperto que define nostalgia e que revela o quanto de afeto foi desperdiçado pela inevitável diversidade de caminhos traçados pela vida, quando cada um, lá atrás, teve que fazer suas escolhas. E para ser sincero, não sei de ninguém que, naquele momento crucial, tenha priorizado se manter perto dos colegas da faculdade, abdicando das melhores oportunidades por elas estarem demasiado distantes. E se ninguém pensou nisso há 47 anos, não há porque se recriminar agora, nem se sentir menos amoroso por isso, mas essa racionalização não dissipou a sensação de perda.

É certo que a proximidade e, claro, uma indispensável dose de empatia manteve coesa uma pequena parcela da turma que tem se encontrado religiosamente, com uma assiduidade sem equivalência entre as outras turmas da UFRGS. E as reuniões desse time, cronicamente fraterno, têm a espontaneidade e a doçura de quem não precisa relembrar histórias ameaçadas pelo esquecimento de uma das partes. E tudo flui com a naturalidade de quem terá que recapitular, no máximo, o acontecido no último semestre.

De qualquer maneira, a criação desse grupo despertou tantos sentimentos, comedidos uns e exagerados outros, que confirmou um comportamento que se repete nas redes sociais e que estamos recém assimilando, dada a novidade dessa forma de aproximação instantânea pelo mundo virtual.

Depois de um boom inicial com vários se apresentando numa espécie de prestação de contas, para no mínimo afirmarem que estavam vivos, houve, como era de se prever, a contagem dos mortos, para estabelecer o tamanho do que alguém, muito bem-humorado, chamou de ATM celestial, com direito a festejos discretos quando se confirmou que ela ainda é (toc, toc) menor do que a terrena. E cada morte, recém-descoberta ou recapitulada, ficou latejando como se tivesse sido ontem. Essas coisas de quem amou e perdeu.

Sempre tive dificuldade de retomar presencialmente relacionamentos interrompidos por trinta ou quarenta anos porque descobri, por experiências sofridas, que depois de cinco minutos de entusiasmo saudosista nos sentimos estranhos com resíduos de intimidade insuficientes para uma conversa fluente e nos flagramos com uma vontade bilateral de sair correndo. É evidente que o biombo virtual nos poupa desse constrangimento, mas também com ele ocorrem oscilações anímicas, com períodos alternados entre o melhor humor e essas tristezas que o destino programa sem direito de seleção. Alguém escreveu que a maioria ainda trabalha, mas, a julgar pela quantidade e insistência nas mensagens, foi possível identificar uma razoável parcela de aposentados.

Quando o ritmo frenético das mensagens começava a reduzir, um novato era resgatado no túnel do tempo e assumia um protagonismo temporário, não sem antes reclamar de ter sido convocado com atraso. Passados alguns dias, já entramos na fase dos netos, o que assegura um longo tempo de intercâmbio até que todos tenham a chance de mostrar as fotos sorridentes e as maravilhas da sua prole.

Como experiência emocional, essa forma nova de aconchego de colegas, que se quiseram tanto durante a faculdade que o tempo não foi capaz de lhes diluir o afeto reprimido, foi tão rica, que vários assumiram que essa reaproximação representou o que de melhor lhes aconteceu no ano que terminou.

Espichando o ouvido, escutei alguns resmungos, previsíveis e inevitáveis, para os quais o WhatsApp oferece um recurso que, quem dera, dispuséssemos em todos os relacionamentos pela vida afora. Um clique na legenda mágica: sair do grupo.

No final sobrarão os que, lá no passado, riram e choraram das mesmas coisas. E não importará quão poucos sejam, por eles já terá valido a pena.

# Das pessoas mais simples

ADOECER É O mais eficiente revelador do caráter. Grandeza, dignidade, coragem e, muito especialmente, delicadeza são escancaradas pela presença que encanta, ou pela ausência que constrange. E a impressão que causamos, não podendo ser ensaiada, revela, na nossa essência, o que somos.

Os corajosos, gentis e resilientes são expostos com a mesma intensidade com que os pusilânimes, falastrões e bajuladores são cruelmente desmascarados.

Médicos experientes aprenderam que essas virtudes, que são claramente dependentes da pureza, se encontram com uma frequência comovente entre as pessoas mais humildes, aquelas que nos consideram generosos enviados de Deus para socorrê-los.

Não por acaso as mais candentes histórias de gratidão médica brotam dessas criaturas dóceis, generosas e transparentes.

Algumas delas comovem pela simplicidade que beira o rudimentar, muitas vezes atropelada pela insensibilidade de médicos jovens, que não têm paciência com esses toscos que estão sempre de coração aberto, desejosos de agradar e, tantas vezes, sem saber como.

Percebi que o Osmar era uma das vítimas dessa intolerância de quem, tendo muitos doentes para ver, estava sem paciência para tentar compor uma história truncada pela incerteza e por informações desencontradas. Pedi que deixassem o Osmar comigo quando ouvi do estagiário esta queixa: "Como é que o senhor espera que eu lhe ajude se depois de ter ficado neste ambulatório ontem, por mais de seis horas, eu lhe peço que me diga o nome do médico que o atendeu, e o senhor responde que não sabia, mas achava que era uma mulher?! Se nem disso o senhor tem certeza, fica difícil, e haja paciência!".

Quando o pelotão de choque debandou, demorei um tempão para acalmar o Osmar, que, só então percebi, tremia.

Contou-me que era das Missões e viera a Porto Alegre para visitar a filha, e então teve uma dor em queimação no estômago e vomitara sangue. A filha não sossegara até que ele viesse para a emergência, mesmo tendo insistido com ela que isso ia passar e que tinha sido causado por uma mistura de pinhão com melancia.

Logo depois, um dos estudantes passou por ali e, com ar debochado, perguntou se eu já sabia que melancia com pinhão dava hemorragia.

O Osmar baixou os olhos constrangido e comentou: "Esse doutorzinho não acreditou no que contei, mas o que o deixou mais irritado foi eu ter esquecido o nome da doutora. O senhor acha que se eu tivesse dito que ela tinha franja teria ajudado?".

"Acho que não, mas não se preocupe, Osmar. As mulheres não trabalham dois dias seguidos com o mesmo penteado!"

Tinha alívio e gratidão naquele sorriso contido. De qualquer maneira, a mão calosa que se demorou no meu ombro foi, para mim, o melhor gesto daquele dia.

# Do que será que será?

TODO MUNDO SABE que vai morrer, mesmo aqueles que por juventude plena ou negação absoluta nunca pensaram no assunto. Entre os jovens, se entende que seja assim, porque afinal as ameaças verdadeiras estão tão distantes no imaginário fantasioso deles que é como se não existissem. Certamente por isso há tanto pânico no olhar de um garotão que descobriu, por acidente ou doença incomum, que a possibilidade da morte é real.

Na medida em que os anos passam, o desgaste biológico minando o entusiasmo vital, a progressiva escassez de paixões violentas e a seguir de paixão nenhuma, as humilhações, as frustrações repetidas e, muito especialmente, as mortes sucessivas dos contemporâneos acabam induzindo à naturalidade da morte, que pode não parecer consciente, mas está lá, revestida como preocupação pelo futuro dos filhos na investigação dos melhores seguros de vida, ou mais contundente, na discreta colocação para débito em conta de um plano familiar para a cremação.

Um colega meu, para quem liguei depois de ter morrido um amigo comum, ouviu a notícia, tão lamentada por ele quanto tinha sido por mim, suspirou e resumiu: "Pois é, meu amigo, o mais triste é admitir que a morte, depois dos sessenta anos, continua sendo lamentável, mas deixou de ser espetacular".

De qualquer maneira, essas pessoas das quais a idade lhes roubou a chance de morte com manchete seguem vivendo com a mesma naturalidade de sempre, organizando festas, comemorando aniversários com algum espalhafato, inicialmente em datas redondas e depois a cada ano, viajando para lugares distantes sem seguro de vida, gastando mais do que a aposentadoria recomenda, trocando de carro antes que o seu desvalorize pelo uso, e fantasiando o que fariam se ganhassem na Mega-Sena da virada. Ou seja, vivendo como se fosse para sempre, plenos de alegria e de projetos, que só serão suportáveis para quem acredite, minimamente, que será possível realizá-los.

Entre esses otimistas, maravilhosamente incuráveis, circulam disfarçados os que sofreram um choque de realidade ao tomarem conhecimento de uma doença grave que, barulhenta como um câncer, ou silenciosa como uma cardiopatia progressiva, chegou não apenas para reiterar o que todos já sabiam, ou deviam saber, mas para, impiedosamente, comunicar do que será que um dia desses será.

Esses tipos podem participar das mesmas festas dos otimistas saudáveis, gargalhar por cortesia ou negação, e até dissimular em extravagâncias, mas quem mirar no fundo dos olhos deles descobrirá onde mora a tristeza. Silenciosa e impassível. Como uma sentença.

# O AMOR É CONSTRUÇÃO.
## O FIM DELE, TAMBÉM

TODOS OS PERSONAGENS desta crônica são fictícios. Por isso, não perca tempo em tentar identificá-los. Mas nada impede que eles tenham existido, e até é bem provável que os leitores fiquem com a curiosa sensação de que já ouviram histórias semelhantes, mas não recordem bem onde. E isso se explica: o comportamento humano, ainda que rico e variável, está cheio de clichês, de modo que mesmo quando a história parece original, pode apostar que em algum momento e lugar isso já aconteceu e causou o mesmo assombro que provoca agora, como se fosse a primeira, única e espetacular.

E isso tudo como introdução para deixar bem claro que, ainda que possa ser apressadamente classificada como ficcional, esta história é verdadeira.

O cuidado em preservar as identidades se deve ao temor de que alguém se sinta melindrado com a revelação de atitudes que exponham uma intimidade que prefeririam, para sempre, sepultar. A escolha de Ivanir e Evonir, como nomes dos nossos heróis, foi intencional, dada a unissexualidade deles. O que essa história tem como tônica é a dissimulação da maldade, tão perfeita que durante décadas os familiares mais próximos e, no final da vida, os médicos e enfermeiros envolvidos durante semanas de convívio emocionalmente intenso nunca perceberam qual era, na verdade, o sentimento dominante, e se deixaram seduzir pelas aparências.

Pois Ivanir adoeceu, e a agonia no hospital foi prolongada e dolorosa. Os meses de internação despertaram na enfermagem, médicos e cuidadores, a admiração pelo desvelo de Evonir, sempre presente e disponível, sem fome e sem sono, mesmo quando a exigência presencial tornava quase impossível comer ou dormir. Em muitas noites dormira à beira do leito, de mãos dadas, como a mais perfeita âncora afetiva que alguém pudesse imaginar no final da vida. Convencidos de que ninguém como Evonir sabia ajeitar os lençóis e a posição do travesseiro, os familiares desistiram de oferecer revezamento e outra vez suspiraram de admiração e inveja pelo carinho espontâneo e recíproco.

Quando o tumor cansou de testar a resistência dos nossos personagens, Ivanir finalmente morreu, e, no mesmo instante, Evonir sacudiu o corpo inerte, inconformado com o desfecho mais do que previsível. Sem resposta ao esforço vão, Evonir desabou em um choro convulsivo que misturava lágrimas copiosas e uma tentativa frustrada de articular as palavras. Comovido com o sofrimento, alguém dos cuidados paliativos ofereceu um abraço solidário, que foi aceito, e eles choraram juntos, até que Evonir finalmente conseguiu falar: "Meu Deusinho, obrigado. E me perdoa por ter duvidado que, um dia, eu ainda voltaria a ser feliz!".

O violento empurrão que desfez o abraço foi só uma frágil expressão do pasmo e desencanto pelo amor fingido que varreu aquele quarto como um furacão.

Todos têm dificuldade de aceitar que amor e ódio possam ser, em igual intensidade, assumidos ou dissimulados. E se chocam mais as testemunhas inocentes que ainda não aprenderam que comportamentos muito bizarros não ocorrem por acaso, e que ninguém é muito amado ou muito odiado sem ter contribuído contínua e intensamente para isso. Tijolo após tijolo.

# Não morrer antes de morrer

Exceto naqueles momentos de grande introspecção em que consideramos que uma pausa do mundo é a melhor terapia, de resto a solidão e seus silêncios simbolizam o isolamento involuntário, e amargura e ressentimento, suas crias obrigatórias.

Quando um jovem se confessa destruído por uma separação inesperada e se imagina original no anúncio de que nunca mais amará alguém, mesmo com infinitas possibilidades de sedução, penso sempre em viuvez na velhice, quando não há mais ânimo, tempo, saúde ou charme para recomeçar o itinerário da conquista.

Só então se percebe que a nossa vida está presa por amarras muito frágeis, e de tanto ouvi-los se lamentarem, entendi o quanto é verdadeira a súplica dos idosos: "E Deus me ajude que eu morra antes da minha velhinha". A crescente e festejada longevidade tem produzido esses pares avulsos, em que um tem ao outro e a ninguém mais. Comove a percepção de que não importa quantos filhos tenham tido, quem se aventurar a viver demais descobrirá a altura do muro da autonomia dos filhos, erguido com os tijolos da indiferença e da pressa. E todos com vidas próprias terão suas justificativas sinceras, porque afinal nem todo o dia é Natal.

Chega-se então ao ponto de buscar um lar onde velhos descartados possam compartilhar suas mágoas mútuas e multiplicá-las com a repetição de suas histórias de abandono.

Atul Gawande, um cirurgião indiano que sempre viveu em Nova York e acompanhou, com proximidade e afeto, a dolorosa despedida do pai, narra no seu maravilhoso livro *Os mortais* a saga dessa população, cada vez mais numerosa e exigente.

A proliferação dessas casas de repouso e a inevitável competição entre elas têm impulsionado a criação de modelos de convívio mais dignos, evitando que se transformem em depósito de moribundos à espera da libertação.

Replicar o ambiente doméstico, com a instalação de uma coisa simples, como uma cozinha independente, já é capaz de restaurar o interesse pelo cuidado do seu próprio cantinho, e com isso dar ao casal algum sentido ao despertar pela manhã.

Outros diretores tiveram a ideia de levar alguns animais, cujos cuidados serviriam para mantê-los ocupados. Foi assim que pássaros, cães e gatos, passaram a ter função numa grande clínica, com dezenas de unidades espalhadas pelos Estados Unidos.

Um velhinho identificado como Mister L. perdeu a esposa depois de 65 anos de casamento. A depressão que se seguiu era previsível, mas todos ficaram muito preocupados depois de um acidente bizarro em que ele desceu um barranco com a camionete. A polícia sugeriu a possibilidade de tentativa de suicídio, e a família, impossibilitada de vigiá-lo o tempo todo, decidiu interná-lo num desses lares modernos. Os primeiros dias foram terríveis, porque ele não aceitava comida, nem banho, nem sair da cama.

Parecia determinado a acelerar a chegada da morte. Então decidiram colocar uma gaiola com dois periquitos na sua mesinha de cabeceira. No dia seguinte ele, que se mantivera virado para a parede durante uma semana, mudou de decúbito para ficar de frente para os passarinhos. Depois passou a comentar com a enfermagem as peripécias dos animaizinhos, e na semana seguinte, quando já se sentara para comer, comentou que os pobres cães não podiam ficar encerrados em casa, e passear com eles no quintal era uma coisa que ele poderia fazer para ajudar. Dois meses depois estava apto a voltar para casa. A ideia da morte tinha sido transferida. Alguém lhe devolvera a única coisa realmente indispensável à sobrevivência de um solitário: a utilidade.

# E NÃO PODIA SIMPLESMENTE DAR CERTO?

A GERAÇÃO CRIADA na era da informação instantânea acabou adquirindo a noção equivocada de que esta instantaneidade se aplica igualmente ao sucesso e a tudo mais que o mundo pode oferecer de bom. Difícil fazê-la entender que ter uma virtude pode ser menos importante do que ser persistente na busca por um projeto de vida que resulte em felicidade. A tendência corrente é de inspirar-se em modelos de genialidade excepcional, esses exemplares raríssimos que, a partir de uma ideia criativa e brilhante, empenharam toda a energia e determinação para alcançar o sucesso. O que impressiona é a quantidade de jovens frustrados que nunca alcançaram o êxito fantasiado porque não tinham nem projeto, nem perseverança para ralar o que fosse necessário para escapar da mediocridade. Como a frustração é via expressa para a revolta, temos essa geração de pusilânimes indignados porque a vida se nega em reconhecer-lhes o talento que, na opinião deles, é tão óbvio quanto a geração anterior lhes parece antiquada e obsoleta.

Passa o tempo, muda o perfil da juventude, mas essa tendência permanece: pais muito zelosos usualmente esquecem de ensinar a importância do trabalho obstinado como único instrumento para a realização pessoal, e, numa equivocada tentativa de facilitar o caminho dos seus rebentos, enchem-lhes a trajetória de atalhos, que a vida, implacável como ela é, se encarrega de bloquear. Outros, por terem tido infâncias sofridas, que lhes obrigaram a enfrentar adversidades para sobreviver, supõem, baseados na teoria de um caso só, que este é o modelo infalível para a produção de filhos destemidos e vencedores. Mas ignoram que a capacidade de sobreviver aos desafios sem fraquejar é uma qualidade pessoal, que não necessariamente é transportável pelo DNA para as crias que amamos tanto. E então a tentativa, pura e simples, de transferência desses dotes individuais pode resultar em dupla mágoa: a dos pais ao descobrirem que têm filhos frouxos, e dos filhos ao perceberem a frustração que representam para aqueles a quem tanto queriam agradar.

Em *The Crown*, essa série do Netflix que relata a saga da família real inglesa, o jovem Philip, abandonado pelos pais, tendo perdido em um acidente aéreo tia e irmã, suas últimas âncoras afetivas, foi enviado para um internato, com rigores de educação militar, na distante e gélida Escócia. Lá, enfrentou todos os tipos de bullyings e desafios, mas descobriu-se um resiliente e construiu sua autoestima. Décadas depois, já como príncipe consorte, tomou para si a educação de seu filho Charles, o primeiro da linha sucessória ao trono da Inglaterra, e o entregou ao seu antigo mestre, no mesmo colégio escocês. Um adolescente tímido, Charles sofreu as discriminações imagináveis por ser quem era e por ter-se revelado um fraco. Diante da inflexibilidade do pai, apesar dos apelos da Rainha Elizabeth, o filho foi mantido nesse desterro afetivo por quase seis anos, tendo descrito o lugar como um inferno na terra. Diz-se que a Rainha nunca perdoou ao marido por ter imposto ao filho amado essa massacrante provação. Mas parece provável que, adiante na vida, ela tenha dado razão ao marido, mantendo-se no trono por esses mais de 64 anos apenas para evitar, de todas as maneiras, expor ao mundo a fraqueza do filho. Por que afinal não é isto que os pais zelosos, com ou sem coroa, fazem todos os dias?

## Viver ou não, a divisória sutil

NINGUÉM CONSEGUE ANIMAR o espírito de alguém cujo corpo esteja em decadência. Na minha experiência com doentes crônicos, se o paciente estiver se sentindo fisicamente melhor a psicoterapia é desnecessária, mas se estiver pior, será inútil. Resta consolar e medicar os deprimidos, que apresentam um claro descompasso entre saúde e invalidez pela deterioração da condição anímica, tão determinante do instinto da sobrevivência.

Claro que ânimo não depende apenas da saúde orgânica. Não por acaso, o conceito moderno de saúde foi ampliado e passou a contemplar o bem-estar físico, emocional e social. Uma das lições mais chocantes que vivi quando comecei a trabalhar com transplantes foi o achado de um monte de gente que não mostrava nenhum entusiasmo em continuar vivendo porque a relação entre amar e ser amado estava quebrada, e na opinião deles os sacrifícios que teriam que enfrentar com o transplante eram absurdamente desproporcionais aos benefícios. Descobri então que o encanto de viver é um privilégio reservado, com exclusividade, aos bem-amados.

Se houver alguma dúvida disso, tente animar um solitário, e descobrirá que toda a motivação para viver depende do quanto tenhamos alguém com quem contar e dividir. Não ter ninguém, começa a explicar a despreocupação com

a aparência, o descaso com não enxergar bem, ou o desinteresse em ouvir o que dizem os circundantes.
Com certeza, estar vivo é buscar interação com o mundo exterior. A indiferença expressa pela alienação dos sentidos é o início da aceitação da morte, no princípio com condescendência branda e, adiante, no limite do sofrimento, com desejo assumido.
Tentar consolar pacientes nesse estágio expõe um lado insuspeitado do fim da vida, quando imperam um conformismo e uma serenidade inimagináveis para aqueles que nunca se sentiram ameaçados e vivem esse deslumbramento meio mágico de quem jamais considerou que essa jornada talvez não seja para sempre.
Por outro lado, encanta a energia vital que promove verdadeiras ressurreições em pacientes idosos, para os quais os desavisados podem tolamente supor que longevidade seja sinônimo de aceitação.
Seu Ignácio tinha 89 anos, foi internado na UTI com uma pneumonia grave e ficou onze dias em respiração artificial, com prognóstico sombrio. Tendo sobrevivido o tempo necessário para a ação dos antibióticos, começou a melhorar rapidamente, e o tubo foi retirado. Impressionava a todos a naturalidade e o interesse com que participava de todo o tratamento, incluindo a fisioterapia.
Uma manhã, ao visitá-lo, me fez um pedido revelador da sua intenção de não desistir: "Doutor, peça pra minha filha trazer meus óculos na visita da tarde. Todo o pessoal aqui tem sido maravilhoso, mas tem uma menina da fisioterapia que é especialmente carinhosa comigo, e acho que, além disso, ela é muito bonita. Imagina se eu morrer sem nem ter certeza disso!".
A vida estava de volta, não importava por quanto tempo. Óculos para apreciá-la, por favor.

# Morrer no inverno

Era um dia muito frio de agosto quando o Herculano foi internado, vindo da fronteira, emagrecido, escarrando sangue, com um grande tumor no pulmão e uma longa história de fumo, que ele considerava irrelevante porque nunca fumara "cigarro feito", o que, no imaginário dele, o inocentava de culpa por essa coisa que segundo o seu médico estava plantada no seu peito, pontuda como uma acusação. Era um homem do pampa, onde nasceu e viveu como um solitário, apaixonado pelas lides campeiras, atrás das quais percorreu o estado e com frequência cruzou a fronteira, em busca de trabalho algumas vezes, mas muitas mais à cata das emoções contagiantes das provas gaudérias em que cotejavam morfologia, função, destreza, coragem e força do conjunto potro/ginete, como se fossem um monobloco de habilidade, beleza e harmonia. O jeito de acariciar o pescoço do pingo ao final de cada prova revelava uma cumplicidade, que em muito superava a relação rotineira entre animais de quaisquer espécies.

Quando eu quis saber da sua família, foi meio esquivo. Falou da dificuldade de criar raízes e de se sujeitar a elas. E crias achava que não tinha, mas não colocava tanta certeza nisso, porque sabe como é. E eu não sabia se devia dizer que sabia.

Na enfermaria de seis leitos do antigo Pavilhão Pereira Filho, ocupava uma janela onde apoiava os cotovelos e, entre um e outro mate, olhava por cima dos cinamomos sem entender que se permitisse uma parede de casas empilhadas atravancando o caminho do horizonte. Terminada a sessão dos suspiros guardava a cuia e a garrafa térmica numa sacola de couro cru. Um dia o surpreendi dobrando com carinho uma manta azul-marinho, de lã muito delicada. Brinquei perguntando de qual namorada tinha ganhado aquele mimo e levei um susto com a reação: ele escorreu o olho para me contar que a Mireya era a prenda mais linda do Uruguai, e que ela pedira que ficasse e ele dissera que não, e então a *chica* lhe presenteara com a tal manta para que lembrasse dela nos dias de frio, como se calor fosse ameaça de esquecimento. Tinha demorado dez anos para criar coragem e voltar a Paysandu e então descobrir que sua amada tinha se mudado para Montevidéu, e ninguém mais sabia dela. Uma semana depois dessa desilusão, escarrara sangue pela primeira vez. Tinha pensado em procurar um médico, mas depois desistira, convencido de que sangrava de pura tristeza, e que se não parava era porque não conseguiria esquecê-la, e aí tanto fazia. Provavelmente a combinação de pena dele e a incapacidade de ajudá-lo pelo avançado do tumor aproximou-nos, e muito aprendi com sua rudeza inteligente e pensamento vertical de muitas verdades e raras dúvidas. Um dia me confessou que achava que estava morrendo, porque, mesmo criado no rigor do pampa, nunca sentira tanto frio. Nunca soube de nenhuma visita, e morreu sozinho num feriado de Sete de Setembro, em que viajei. Um parceiro de enfermaria que saíra na mesma semana me procurou dias depois para cumprir uma promessa que fizera ao amigo. Uma bolsa de pano envolvia a sacola de couro cru e um grande H gravado a ferro quente na tampa da bolsa indicava a procedência. Dentro, a cuia, a bomba de bico dourado, a garrafa térmica com tampa cinzenta e, protegida com um celofane, a manta azul. Analfabeto que era, Herculano deixou a mensagem oral, que o amigo colocou num papel grosso para não esquecer, e que amarelou do tempo na minha gaveta à espera que eu resgatasse esta história. Dizia simplesmente: "Tchê, viva bastante, e trate de não morrer no inverno. É muito triste!".

# Enquanto a civilidade não chega. E chegará?

A VIGILÂNCIA E o medo são instrumentos de defesa. Os excessivamente descuidados e os destemidos estarão sempre na maior faixa de risco, para a tragédia ou a traição, mas desconfiar sempre é muito cansativo.

O meu modelo de desconfiança foi um italiano, parceiro de viagem do Grêmio ao Japão para uma das disputas do Mundial. Pois estávamos passeando em Tóquio, quando anunciei que voltaria ao hotel porque, no fim da tarde, faria uma conferência no Instituto Nacional do Câncer. E, então, o tal gringo quis saber se poderia me acompanhar porque estava cansado de tanta novidade. Tomamos um táxi e descobrimos que o motorista não entendia nenhum idioma que não fosse o nativo, e se o cartão/chave não tivesse o nome do hotel, em japonês, não teríamos ido a lugar algum. Quando mostrei o cartão, o taxista disse a única palavra que poderia conectar duas civilizações separadas pela imensidão do mundo: "Ok". E partimos. Enquanto percorríamos a maravilhosa avenida Ginza, que contorna a Torre de Tóquio, aproveitei para sacar várias fotos enquanto meu companheiro, segurando a barra de ferro que separava os dois assentos, olhava fixo a nuca do motorista. Perguntei-lhe se estava tudo bem e a resposta foi paranoia pura: "Tô achando este japonês ton quieto!". Argumentei, sem convencê-lo, que mais estranho seria se o cara ficasse repetindo "ok" sem que lhe perguntássemos nada, mas ele seguiu cismado até chegarmos ao hotel sem que ninguém anunciasse um sequestro.

Nunca mais o encontrei, mas tudo tendo piorado como piorou, imagino que hoje ele esteja confinado em uma fortaleza doméstica com grades, cercas elétricas e cães furiosos que o separem do perigo ambulante que desfila debochado pelas calçadas deste país. Na verdade, é cada vez mais compreensível que todo brasileiro seja um vigilante esperto, porque estamos rodeados de riscos e ameaças objetivas, a impor medidas que têm limitado o prazer de sair à noite e alimentado a sensação desagradável de que perdemos a posse das ruas, que foram transferidas, sem documentos, para a bandidagem. Esta, sim, sempre atenta a qualquer indício de que a vítima esteja mais vulnerável por distração.

E, então, desprotegidos pelas forças de segurança (!) e desarmados pela lei, nos trancafiamos para assistir, na constrangedora condição de meros espectadores, a batalha campal entre as gangues que não aceitam compartilhar as cidades que sequestraram, disputam cada quarteirão como se fosse o último e humilham os cidadãos sérios com o temor de balas perdidas.

Como a perda dessa qualidade de vida foi gradual, fomos esquecendo como era bom ser distraído ou aproveitar o frescor da noite para caminhar ou namorar dentro do carro num lugar com vista panorâmica. Mas quando alguém volta de viagem a um país civilizado sempre fala da maravilha que é viver sem medo.

E é assim no Japão, na Europa Ocidental, nos Emirados Árabes, na América que deu certo, e até no Rio de

Janeiro em tempos de Olimpíada, a mostrar que, enquanto a educação não chega, os bandidos reconhecem os limites que lhes são impostos pela força.

E por que a civilidade é um processo tão demorado? Porque é muito improvável que alguém que já provou o dinheiro fácil da corrupção tenha ânimo para voltar ao trabalho honesto. E isso vale para o agente de trânsito que aceitou propina, o político que barganhou seu voto, o médico que colocou a prótese desnecessária ou o magistrado que vendeu a sentença.

# Escassa vocação para o Nobel

As queixas generalizadas dos pesquisadores nacionais com a restrição de verbas e suspensão de bolsas de graduandos em fase avançada de seus projetos acadêmicos explicam perfeitamente a debandada de jovens talentos rumo a países onde a pesquisa é considerada uma alavanca indispensável para o desenvolvimento científico e social.

Esta abdicação de cultura própria nos condena, irreparavelmente, à condição de copiadores medíocres de projetos concebidos por cabeças livres para serem grandes. Tudo bem que sendo pobres como somos não pretendamos competir em número de premiados com o Nobel com os Estados Unidos (355), Reino Unido (120), ou com a Alemanha (105), mas ficar atrás do Azerbaijão (1), de Chipre (1), do Iêmen (1), das Ilhas Faroe (1) e Bangladesh (2) é demais. E se quisermos nos deprimir um pouco mais, olhemos para nossos irmãos latino-americanos, como Argentina (5), Guatemala (2), Chile (2), Peru (1) e Venezuela (1). Não bastasse a nossa reconhecida inépcia, ainda a história confirma que sempre que exista espaço para o azar, o azarado se candidata a ocupá-lo.

Em 15 de fevereiro de 1915, nasceu em Petrópolis, no estado do Rio, Peter Medawar, filho de um empresário inglês que enriquecera em Londres trabalhando com material dentário e ótico e resolvera expandir seus negócios emigrando com a esposa para o Rio, nos primórdios do século XX. Com uma grande loja da Óptica Inglesa em Copacabana e residência na região serrana do Rio, tiveram dois filhos brasileiros, Peter e Pamela, registrados simultaneamente no Cartório de Petrópolis e na Embaixada Inglesa, no Rio de Janeiro. Na adolescência ambos foram mandados à Inglaterra para cumprirem o High School, e, vivendo lá, Peter recebeu a convocação para o serviço militar brasileiro, aos dezoito anos. Preocupado em não interromper seus estudos, mandou uma carta pedindo dispensa, usando como intermediário o então ministro da Aviação, Salgado Filho, amigo do pai e seu padrinho. Apesar da interferência, o pedido foi negado por Eurico Gaspar Dutra, ministro da Guerra no Estado Novo, o período ditatorial de Getúlio Vargas. Não tendo comparecido à convocação, perdeu a nacionalidade brasileira, que nunca mais figurou em seu currículo.

Formado em Zoologia, em Oxford, em 1935, iniciou seus trabalhos de pesquisa dedicados à cultura de células e regeneração de nervos periféricos. Durante a Segunda Guerra trabalhou na Unidade de Queimados da Glasgow Royal Infirmary. Nessa época, os transplantes de pele era usados em escala crescente nos pacientes com grandes queimaduras, resultantes dos bombardeios diários sobre o Reino Unido. À época se atribuía o sucesso ou o fracasso do procedimento à técnica cirúrgica, mas Medawar resolveu estudar os enxertos perdidos e descobriu que havia neles um número impressionante de linfócitos, que são glóbulos brancos relacionados com a imunidade, e com isto abriu a porta para o entendimento do mecanismo da rejeição celular. Em reconhecimento ao fato de que todo o desenvolvimento dos transplantes se deve a esta descoberta elementar, deram a Peter Medawar o Nobel de Medicina em 1960, um título que o Brasil não pôde compartilhar, aparentemente por uma rusga entre dois ministros, que participaram involuntariamente na produção do tal azar. Anos depois, já como uma personalidade festejada no mundo científico, Peter foi convidado para vir ao Rio de Janeiro, onde proferiu uma conferência histórica, registrada nos Anais da Academia Nacional de Medicina. Com os pais já falecidos e tendo a família se desfeito dos bens materiais no Brasil, pediu para ir a Petrópolis rever o local onde tinha passado uma infância muito feliz. Contam que, na volta, desceu a serra chorando, completamente comovido por reencontrar, intactas, as imagens de uma meninice que levava no coração com uma intensidade que não podia, de nenhuma maneira, ser borrada por uma decisão burocrática. Esta história deve entristecer os cientistas brasileiros de todos os tempos. Os mais sensíveis, chorarão. Os outros, culparão o destino, e, com isto, mais uma vez nos justificaremos.

# Experiência de ciclista: se você para, você cai

Entrevistas feitas com pessoas de meia-idade das mais variadas classes sociais revelaram diversidade de opiniões sobre como é saber-se velho, que é quando a maioria começa a buscar seu direito de fazer o que quiser, ou parar. Metade dos entrevistados assumiu essa questão como muito simples, porque consideraram que a percepção desse momento está associada ao envelhecimento biológico com evidências grosseiras, como desânimo, cansaço fácil, rigidez das articulações, apatia sexual, riso escasso e intolerância com as iniciativas ruidosas da modernidade.

Algumas pessoas, no entanto, se tornam decrépitas antes mesmo que essas perdas se tornem aparentes, enquanto outras mantêm o espírito tão jovem que os anos passam e ninguém ousa pensar nelas como velhos. Certamente a chamada arte de envelhecer pode se expressar de maneiras as mais diversas, prosaicas umas, sutis e inteligentes outras.

Mia Couto considera que o "envelhecimento é uma desistência do desejo de ser um outro", ou seja, quando nos conformamos com o que somos, estagnamos.

Drummond, na sua amargura de antissocial assumido, reconheceu que envelhecemos quando "não temos mais vagas para amigos novos", enquanto Ziraldo, mais ameno e elaborado, descreveu a nossa trajetória como "uma sequência de desejos de vingança daqueles que ficaram atravancando nosso caminho ao longo da vida, e temos que ir domando nossos ódios até que, um belo dia, descobrimos que não há no mundo ninguém mais de quem queiramos nos vingar. Iniciamos, neste ponto, a curva de descida".

Foi assim, abastecido desses modelos sofisticados, que encontrei o João, no ambulatório da Santa Casa, em busca de um check-up que demonstrasse que ele tinha condições plenas de continuar trabalhando, porque a aposentadoria era um projeto para o futuro muito remoto, se algum dia, quem sabe, ele se sentisse velho.

Com seu jeito amistoso e sereno, uma voz macia e um sorriso de todos os dentes que iluminava aquela cara preta, gostar do João foi uma dessas reações automáticas, sem espaço para segundas opiniões.

Contou-me que, como funcionário do Estado, trabalhara algum tempo num lar de idosos, mas, como não se sentia bem, solicitou transferência para uma escola de Ensino Médio, e aí se encontrou. O convívio com a energia efervescente da juventude, quando a inquietude é a mais poderosa fonte de entusiasmo, fazia-o sentir-se útil como o conselheiro mais experiente daquela meninada que ele adorava e o divertia muito.

Depois da segunda consulta, a sua decisão de mudar de ambiente de trabalho e a feroz resistência à ideia de aposentadoria me pareceram perfeitamente compreensíveis: "Eu não tinha paciência para conviver com aqueles velhos mofados, porque eles haviam perdido a vontade de avançar!".

Com essa convicção, ele tratou de procurar a sua turma. No início do próximo fevereiro, o João completará os seus primeiros oitenta anos.

# O QUE SÓ UMA MÃE PERDOA

A GEORGINA TINHA 76 anos quando foi internada com derrame pleural, e os exames confirmaram a disseminação de um câncer de rim que tinha operado cinco anos antes. Este achado significava que houvera disseminação do tumor por via sanguínea, e nenhum tratamento local como cirurgia ou radioterapia poderia ajudar. No final dos anos 90, o tumor de rim estava sempre no topo da lista dos cânceres que não respondiam à quimioterapia. Não tínhamos como saber o quanto ela sabia disso, mas havia uma resignação e uma tristeza no olhar que sugeriam que sim.

Convivi com Georgina durante quase um ano e, nesse tempo, nunca ouvi uma queixa que fosse. Tinha trabalhado a vida toda como cozinheira de um hotel de luxo, não escondia o orgulho ao citar a lista de famosos que tinha alimentado, e sempre terminava relembrando a surpresa ao ser interrompida na cozinha pelo empresário Antônio Ermírio de Moraes, que não resistira a cumprimentá-la "porque nunca tinha comido um risoto tão gostoso".

E aí seguia explicando como fazia para dar àquele prato o sabor mágico com tomate seco e, no final, o queijo ralado para gratinar. Havia tanto orgulho em cada relato que se poderia supor que a culinária era a marca definitiva, e única, da sua vida modesta.

Mas ela tinha um trunfo guardado a muitas chaves: um filho, que conseguira se graduar com imenso sacrifício e agora era engenheiro-chefe de plataforma da Petrobras, em Campos. Fiquei muito surpreso com a existência dele, porque ela era a imagem da solidão e, com exceção de uma prima que aparecia a cada duas semanas, nunca se comentou de nenhuma visita.

Só soube da existência desse filho quando surgiu um porta-retratos na mesa de cabeceira, justo naquela fase triste em que os cuidados paliativos apontavam para o fim, a falta de ar se tornara insuportável e o aumento da oferta de oxigênio, inútil.

"Não quero que meu filho me veja morrer. Ele que fique com a lembrança do tempo em que eu tinha saúde, para ser a mãe e o pai, que ele nunca conheceu. Eu só tinha dezessete anos, e o senhor nem imagina o quanto era lindo meu alemão!"

Quando ensaiei o discurso do quanto era injusto privar um filho do convívio final com a sua mãe, ela me interrompeu: "Não é nada disso doutor, ele não viria de qualquer jeito!".

"Mas, por que não?"

"Ah, doutor, ele sempre me escondeu. No início, isso me magoou muito, mas depois aceitei e acabei achando que ele tinha razão: não ajudaria nada a um branquelo bonitão como ele ter uma mãe negra como eu!"

# Não deixe que percebam a tua pressa

Tudo o que for prescrito ou recomendado a um paciente será cumprido ou negligenciado, dependendo do quanto, ou quão pouco, de afeto povoou aquela relação. Como o paciente usualmente está assustado pelo temor assumido ou dissimulado de morrer, toda a atitude médica, incluindo a linguagem corporal, será acatada com carinho ou repelida com desprezo, dependendo do quanto ele se sinta acolhido ou rejeitado. Não importa que a pretensão pareça absurda, e claro que é, mas todo o paciente, em algum grau, se imagina como o único cliente daquele médico, escalado pelos deuses para curá-lo. Uma evidência deste fato é a frequência com que durante reconsultas os pacientes dizem que não trouxeram os exames anteriores "porque o senhor já os viu na minha última consulta!". Quer dizer, ninguém mais deve ter ocupado a atenção deste doutor durante as semanas que transcorreram entre essas consultas, tão especiais que mereciam se tornar inesquecíveis.

É impossível racionalizar esse comportamento fantasioso de possessão egoísta se o médico não entender o quanto a lógica, que deve reger as atitudes das pessoas normais, é subvertida quando nos sentimos verdadeiramente ameaçados pelo desconhecido assustador de uma doença, que sempre parecerá mais grave porque acometeu a única pessoa realmente fundamental e insubstituível no nosso planeta de um astro só, o ator principal. Ele.

A relação entre o médico e um paciente assustado é a mais densa que se pode estabelecer entre duas pessoas completamente desconhecidas, até que uma delas adoeceu e buscou ajuda na outra, com aquele olhar inconfundível de quem traz um pedido explícito de socorro. Esse encontro é meio mágico e tem um insuspeitado potencial de afeto e gratidão, se houver sensibilidade e delicadeza, ou ficará marcado irreparavelmente por revolta e desafeto, se em nenhum momento o paciente percebeu solidariedade, preocupação e parceria. Como em todas as relações humanas, incluindo o namoro, o primeiro encontro tem um papel decisivo para que se construa uma amizade franca, doce e generosa. Os médicos bem-sucedidos, esses que descobriram a maravilha viciante de se sentirem escolhidos pelos pacientes, valorizam todos os detalhes da abordagem inicial, porque aprenderam o quanto pode ser gratificante ou desastrado o primeiro contato com alguém emocionalmente fragilizado pelo sofrimento.

Os médicos calejados, e os pacientes em qualquer condição, se forem questionados, invariavelmente elegerão a pressa, por tudo o que ela encerra de descaso e desapreço, como a maior vilã no despertar de qualquer relação humana. Um componente subjetivo mais importante do que o tempo gasto na visita é a administração desse tempo. Se lhes falta convicção disso, façam um teste: reservem cinco minutos para ficar no quarto do paciente, ouvindo-o sentado, de pernas cruzadas. No dia seguinte, usem o mesmo tempo, fazendo as perguntas de sempre, mas caminhando pelo quarto.

Com tempos idênticos, mas linguagem corporal oposta, o olhar do paciente apontará qual a atitude ele arquivará na sua memória afetiva. De onde nada do que o machuque será esquecido ou perdoado.

# O ESQUELETO DA UTOPIA

AS PESSOAS QUE gostam do que fazem o fazem bem, seja lá o que façam. Os que gostam menos ou nada e são pressionados a fazerem-no em nome da sobrevivência se tornam insuportáveis se estiverem garantidos por algum tipo de estabilidade, e principalmente se a remuneração que recebem a cada mês dessa agonia profissional não depender da quantidade ou da qualidade do que façam.

Quando não há nenhum tipo de recompensa por esforço, a tendência é que todos façam menos: os que odeiam o trabalho e quem o inventou, por razões óbvias, mas também os que têm prazer em trabalhar puxam o freio para fugir do bullying explícito daqueles infelizes que consideram afrontosa qualquer atitude que contraste com a apatia que os define.

E, naturalmente, o desenvolvimento econômico e o progresso social de uma repartição, município, estado ou nação dependerão do percentual desses párias ocupando funções ativas, e previsivelmente enchendo-as de lerdeza, preguiça, indiferença, frustração, implicância e mau humor. Muito mau humor.

Como faz parte da natureza humana fazer o mínimo se não formos estimulados (ou obrigados?) a fazer mais, as tentativas de implantação de regimes que extinguiam a competitividade do empreendedorismo, transferindo toda a pretendida prosperidade para o comando do Estado, só serviram para produzir gerações de incomparáveis indolentes que, como era de se esperar, terminaram corrigindo a disparidade social não pela equiparação da felicidade, e sim pela democratização da pobreza, com todos nivelados na falta de iniciativa e na estagnação, compulsórias quando a ambição por crescimento não faz parte do processo.

E foi sempre assim, independente da nobreza de intenção de fomentar uma utopia que mereceu denominações diversas (a mais recorrente se chamou socialismo), que idealizava gerar "o homem novo" sonhado por Guevara, um protótipo que, de tão comovente, nunca deixou de ser sonho. E olha que o fracasso não decorreu da falta de adeptos, que foram muitos, mesmo subtraídos os descarados oportunistas.

Ninguém deve se sentir constrangido por ter, em algum estágio da vida, acreditado que era possível criar um novo modelo social, mesmo que ele dependesse da improvável mudança da natureza humana. O que deve causar estranheza é o tempo desperdiçado por alguns fanáticos, quando já se tornara claro que aquilo não funcionaria, depois de ter fracassado em todos os lugares. Para os aficionados em metodologia científica de análise comportamental, a Alemanha e a Coreia, quando circunstancialmente divididas, serviram de laboratórios delas próprias, com resultados tão opostos quanto previsíveis. Inclusive com a comparação subsequente entre os que desistiram logo e os teimosos de pedra. Aos que se atrapalham com análises de amostras tão gigantes, se pode restringir a avaliação a um microuniverso, como, por exemplo, de executivos dos bancos que lhes atendam:

um público e um privado. Interessado em comparar? Então, vamos lá: como cliente antigo, ligue para as respectivas secretárias desses gerentes e deixe recado, pedindo retorno. A velocidade da resposta, instantânea ou retardada, demonstrará sistematicamente como as pessoas normais funcionam quando a solicitude não fizer parte do kit de sobrevivência dos envolvidos.

# Os que nunca desistem

É REGRA GERAL que o principal subproduto do sofrimento seja a revolta, coerentemente mais intensa durante o transe doloroso, mas que pode se perpetuar no espírito de quem sofre com uma amargura residual, persistente. Para desespero dos terapeutas da alma e entusiasmo dos fabricantes de antidepressivos. A associação desse sentimento com o desenvolvimento de culpa pode produzir sequelas emocionais insuperáveis. Com graus variáveis de sucesso, as vítimas de tragédias pessoais podem ser recuperadas para a vida útil e vistas como reequilibradas, a julgar pelo retorno ao trabalho, a leveza do sono ou a espontaneidade do sorriso. Outros seguem remoendo a dor e subjugados por ela pela vida afora, sem trégua e sem remissão. Esses tipos em geral emagrecem, porque não conseguem dar uma pausa no culto à adversidade, nem para um prazer tão primitivo quanto o de comer.

Boris Cyrulnik era judeu nascido na França e passou parte de sua infância nos campos de concentração da Alemanha de Adolf Hitler. Presenciou a morte de seus pais, irmãos, avós e amigos, e foi o único sobrevivente do grupo. Resgatado daquele circo de horrores, perambulou por vários lares adotivos, carregando apenas a vida e a esperança.

Permaneceu analfabeto até a adolescência, mas conseguiu se formar em medicina, quando elegeu a psiquiatria e desenvolveu a teoria da resiliência, baseado num conceito da física que a define como a propriedade de um corpo de recuperar a sua forma original após sofrer um choque ou deformação, ou, na linguagem psiquiátrica, a capacidade de retomar o desenvolvimento depois de uma agressão traumática. Ou seja, dar uma utilidade ao sofrimento. No mundo contemporâneo deformado pelo egocentrismo, sempre me encantou a existência desses tipos que, marcados pela tragédia pessoal, encontraram forças não apenas para submergir, mas secaram as lágrimas e trataram de mobilizar a sociedade com a única intenção de poupar famílias desconhecidas da mesma dor que os flagelou.

Francisco Assis Neto foi um desses raros exemplares. Tendo perdido um filho amado que não conseguiu ser transplantado do coração, abraçou fervorosamente a causa da doação de órgãos, fundou a ADOTE, uma ONG voltada para a conscientização da população, e literalmente batalhou pela causa até os últimos dias de sua vida. No final de setembro, dentro das comemorações da semana da doação de órgãos, nos encontramos, pela última vez, durante uma homenagem que recebemos no Palácio Piratini. Impressionou-me a postura, o destemor e a naturalidade com que falou da alegria pelo reconhecimento do seu trabalho. Comentou dos projetos que tinha e do quanto ainda havia por fazer nos próximos anos. Só ele e eu sabíamos do quanto o câncer avançado inviabilizaria tudo aquilo, mas um resiliente não morre antes de morrer. Um tipo como o Chico devia ter o visto de permanência renovado indefinidamente. Um mundo tão escasso de nobreza devia ser poupado de um tal desperdício, ainda mais quando não há peças de reposição.

Como a vida insiste em continuar, só nos resta recomeçar. Então recomecemos, na expectativa de que possamos melhorar a vida dos outros. O Chico nunca desistiu de tentar. Então, que seja por ele.

# Por quem choramos

Queria muito saber o que pensam esses saqueadores do bem público que destruíram o país e com a mesma cara dura mantêm o discurso oco na essência e afrontoso no deboche de propor medidas e reformas em prol de uma sociedade mais igualitária e mais justa.

Será que esses predadores, que se adonaram do poder, têm a exata noção do efeito dessa dilapidação do patrimônio nacional que produziu a quebra de milhares de empresas que no rastro de tragédia tiveram que demitir porque faliram, ou encolheram tanto que não havia mais trabalho para todos os seus empregados?

O que é certo é que não há dano social maior, nem mais aviltante, do que o desemprego. Acompanhei o relato de um ex-grande empresário que teve a sua firma negociando perda de setenta por cento do capital durante meses e, quando os termos da concordata foram definidos, não conseguia voltar para o trabalho e contabilizar os funcionários que aprendera a querer como membros de uma grande família, e que agora estavam empenhados em receber a esmola do seguro da sobrevivência temporária.

Será que quando deita à noite, essa corja pensa naqueles que vão levantar muito cedo no dia seguinte para tentar uma improvável vaga de trabalho e, sem conseguir, voltarão para casa no horário de sempre, porque ainda não tiveram coragem de contar para a família que foram descartados?

E no sono, que imagino agitado, porque mesmo nos crápulas a consciência não se deixa amordaçar, será que eles sonham com algum tipo de castigo e acordam sobressaltados e demoram para separar sonho e realidade, e só ficam aliviados quando percebem que, por enquanto, não tem nenhum despertador japonês tocando a campainha?

E mais tarde, reunidos no comitê do partido para discutir com seus asseclas as estratégias para a sonhada reeleição, em algum momento, será que eles sentem a fisgada do remorso, esse desconforto que seca a boca e aumenta a acidez no estômago?

Pensei nisso ouvindo o relato comovido da jovem médica que tentava animar um chefe de família dizendo-lhe que conseguira agendar o exame das coronárias para o dia seguinte, e então ele poderia ir para casa. A confissão que se seguiu devia constar do horário eleitoral gratuito para que os canalhas tivessem uma amostra do mal que causaram: "O problema, doutora, é que eu tenho 57 anos e muita vergonha de ir pra casa e encarar uma família amorosa que eu não consigo mais sustentar. Ganhava 4.500 reais e tudo ia bem, e então fui demitido e agora recebo menos de 1.500 reais".

A doutora se deu conta de que a receita ideal que prescrevera se aproximava desse valor e quis saber como ele faria pra comprar os remédios. Ele resumiu: "Lá em casa estamos decidindo a cada mês o que não vamos pagar: a água ou a luz. Gostei da senhora e não quero que fique chateada comigo, mas eu não sei se vou conseguir festejar caso o exame de amanhã mostre que o meu caso tem solução!".

Vontade de chorar. Mas antes vamos descarregar nas urnas a nossa revolta, porque é só nas urnas que as repúblicas verdadeiras trocam de poder. De qualquer maneira, eles saberão por quem choramos.

# Morte encefálica e as vidas que devem continuar

Depois de um trauma cerebral grave (pancada, tiro na cabeça, hemorragia cerebral por derrame) o cérebro pode inchar muito. E como ele está dentro de uma caixa óssea, não tem para onde expandir-se, de tal modo que se a pressão dentro do crânio aumentar muito acaba apertando as únicas estruturas compressíveis da massa cerebral, os seus vasos. Chega-se então a um ponto em que não passa mais sangue para o crânio, e o cérebro, que não tolera ficar mais de quatro ou cinco minutos sem oxigênio, começa a morrer porque a porta de entrada de oxigênio está definitivamente bloqueada.

*Por que o mecanismo da morte encefálica é importante de ser entendido?*

Para que se perceba o quanto é fantasioso o medo de que se possa provocar morte cerebral no hospital, a menos que alguém considere razoável que um paciente na UTI possa ser vítima de espancamentos ou tiroteios. Não há subtratamentos ou supertratamentos clínicos que acelerem a morte do cérebro conservando o coração a bater. Tudo o que se possa inventar sobre isso é ignorância, fantasia, ou uma terrível combinação das duas.

*Qual o significado da doação de órgãos?*

A doação de órgãos desde há muito tempo vem sendo usada como um marcador de desenvolvimento social, porque mede com precisão o nível intelectual de uma região ou país. Não por acaso, nos países subdesenvolvidos as doações são escassas. A construção de uma cultura doadora é uma tarefa de civilidade, e só a educação consegue dar naturalidade a esse gesto grandioso na essência, mas difícil na prática, porque é solicitado a uma família traumatizada pela dor da perda. Daí a importância da comunicação do desejo de ser doador em um momento de saúde plena. Se alguém anunciar em vida essa determinação, a família, sempre soberana na decisão, certamente fará o possível para cumprir a última vontade expressa em vida.

Ensinar nas escolas básicas o que significa morte encefálica e como se processa a doação de órgãos devia ser objeto de portarias e leis que criassem a obrigatoriedade de educar para a cidadania.

Enquanto a educação não chega, a mídia, principal modelador contemporâneo do comportamento social, deve assumir com sobriedade esse papel, evitando notícias estapafúrdias sem nem ao menos verificar a credibilidade da fonte. Uma sociedade desconfiada não doa, e com isso milhares de pacientes que necessitam de um órgão para viver vão ser penalizados com a morte, sem que tenham nenhuma culpa. Não se pode esquecer que o transplante é a única modalidade de tratamento médico que necessita da sociedade para que ela mesma seja beneficiada. Além disso, todos nós somos mais candidatos a receptores do que a doadores de órgãos, e podemos a qualquer momento necessitar de um transplante para continuar vivendo. Melhor pensar nisso *antes* da desgraça bater-lhe à porta.

Por outro lado, cabe ao Estado a disponibilização de uma coordenação estadual efetiva que ofereça com um máximo de agilidade os instrumentos de comprovação da morte encefálica, uma equipe altamente qualificada para o difícil momento da abordagem familiar para a doação e os cuidados de terapia intensiva, para que aquele doador preserve viáveis o maior número possível de órgãos.

Com tudo isso disponível, estará montado o cenário para o transplante, essa prática médica que exige um alto nível de qualificação técnica e um incomparável índice de comprometimento pessoal dos envolvidos. O trabalho exaustivo que frequentemente vara madrugadas, a remuneração precária do SUS, financiador de mais de 95 por cento dos transplantes, a burocracia exasperante, a infraestrutura deficiente de muitos hospitais, nada disso diminui o encanto daqueles que se alimentam da impagável e indescritível alegria de aliviar sofrimento. Uma sensação tão maravilhosa que quem já provou sabe bem, e a quem não, nem adianta explicar.

# SER MÃE NÃO É PRA QUALQUER PAI

A INCLUSÃO DA autoestima no conceito global de saúde é uma conquista da sociedade contemporânea. Na época da minha residência, era frequente que jovens portadores de defeitos congênitos da parede torácica fossem avaliados quanto à funcionalidade cardíaca e pulmonar e, diante de resultados normais, o que era a regra, recebessem o comunicado da contraindicação cirúrgica, face aos exames que, no imaginário de quem não tinha o problema, deviam ser festejados.

Foi um avanço conceitual o entendimento de que, nesses casos, a cirurgia não assustava, porque continha uma barganha digna e justa na direção da normalidade. Quando se entendeu como doente quem se sentisse diminuído em relação aos seus pares, a ponto de comprometer seus sonhos, ambições e fantasias, estava criado o cenário que impulsionou a cirurgia estética/reparadora. Já tive pacientes com problemas na iniciação sexual, constrangidos pelo receio de serem considerados como aberrações, e houve até quem tomasse banho de chuveiro com camiseta, porque justo na saída do box havia um espelho de parede.

O Serginho tinha quinze anos quando veio para uma consulta, desacompanhado. A pressa em tirar a blusa para que eu visse logo o tamanho do defeito tinha a urgência de quem precisava agudamente de um aliado, não para justificar a cirurgia, porque esta era a sua pretensão desesperada, mas para enfrentar a resistência do pai que, segundo ele, se negara a discutir o assunto. "E a sua mãe, o que pensa disso?" Ele encheu os olhos de lágrimas para contar que a mãe tinha morrido e, desde então, o pai tratava de ser as duas coisas.

E aí transpareceu o belo garoto que ele é e que, numa condição ideal, eu adotaria: "O problema, doutor, é que eu não posso de jeito nenhum magoar meu velho, porque ele é o melhor pai do mundo. Aí, um dia desses, eu li uma das suas crônicas no jornal e pensei: 'Bem que este doutor podia me ajudar a despertar no meu pai a falta que me faz a minha mãe!'". Resisti a abraçá-lo. Com dificuldade.

Combinamos então uma estratégia que devia funcionar sem gerar ansiedade exagerada, mas bastaria para trazer o pai na próxima consulta.

Dias depois, o garoto baixou os olhos enquanto ouvia o relato do pai preocupado com a possibilidade de que aquele afundamento da parede torácica do menino pudesse afetar o desempenho do seu pulmão. Antes de comentar a improbabilidade de que isso fosse verdadeiro, pedi ao Serginho que descrevesse o que aquele defeito significava para ele. Então me dei conta do quanto aquele discurso já viera ensaiado. Qual um bacharel experiente, empertigado, olhando diretamente para o pai, descreveu o horror de cada sessão de educação física e o desespero de conviver com o olhar crítico dos coleguinhas ao vê-lo sem camisa.

Então o pai, visivelmente emocionado, questionou: "Mas não é possível que a medicina tão avançada não tenha um recurso para corrigir este defeito! Doutor, por favor, nos ajude!".

No final da consulta, com tudo acertado, o Serginho ria e chorava, e o pai, meio sem entender, só se emocionou quando o filho disse: "A minha mãe também chorava quando ficava muito feliz!". Seguiram abraçados pelo corredor e claramente cabia mais gente naquele abraço. Fechei a porta com a certeza de que agora aquela dupla tinha a mais doce companhia na volta para casa.

## Cuide do futuro. Você vai precisar dele

Melhor ter cuidado com o que os afoitos chamam de futuro. Achar que tudo que é novo significa progresso é deslumbramento, e compactuar é comodismo. Alcançada esta fase da vida em que a crítica contundente e o elogio exagerado, de tanto andarem juntos, se fundiram, a convicção definitiva é que nada atrapalha mais o sossego da maturidade do que a cumplicidade silenciosa diante do que repudiamos.

Depois de batalharmos décadas em prol de uma medicina mais afetiva e personalizada, denunciando o distanciamento gradual dos pacientes que os estudantes já vêm experimentando com as antigas discussões à beira do leito transferidas para a sala dos computadores, foi triste descobrir que estamos apenas iniciando uma nova era: a da medicina sem o paciente. A menos que alguém classifique como atendimento médico aquele diálogo meio esquizofrênico entre uma criatura ansiosa, porque se supõe doente, e um potencial terapeuta, mais preocupado em conseguir um bom foco do Skype e a regulação do som ambiente, depois de resolvida a questão da validação dos dados do cadastro, incluindo a aceitação do número de parcelas no cartão de crédito.

Nem precisa ser muito criativo para imaginar a gama de situações embaraçosas, previsíveis nesse arremedo grotesco, que não consigo chamar de relação médico-paciente:

"Doutor, muito obrigado por aceitar incluir meu nome na agenda, assim duma hora para outra. Estou vendo que o senhor é bem novinho. Eu estou meio nervoso e então pedi para minha mulher ficar aqui comigo, porque ela entende mais de doença e desse negócio do computador do que eu!"

"Tudo bem. Mas o senhor entendeu que a consulta é para uma pessoa só?"

"Sim, mas de vez em quando ela pode me ajudar, não pode?"

"Vamos ser mais objetivos: qual é a sua doença?"

"A doença o doutor vai ter que descobrir, o que sinto é uma coceira nas pernas que me enlouquece quando esquenta o corpo!"

"O senhor vai ter que colocar a câmera focada na sua perna. Sem ver o tipo de lesão não dá pra receitar nada."

"Então vou pedir pra minha mulher calibrar esta coisa, momentinho. Paciência, doutor, ela está tentando, mas parece que o cabo está meio frouxo. Só um pouquinho."

"Bom, o que eu vejo aqui é uma perna lisa, bronzeada e sem lesão nenhuma. Onde lhe coça, afinal?"

"Bronzeada? Mulher, acho que a gente está mostrando a tua perna pro doutor!"

"Desculpe, doutor. O suporte do aparelho está meio frouxo, mas já que o senhor viu a minha perna, pode me dizer se essas veias fininhas dá pra esclerosar?"

"Minha senhora, eu achei que tinha sido claro! A consulta é para um paciente com problema de pele. Na próxima vez, quando atenderem, peça cirurgia vascular. É o mesmo preço, e como será no nome de outra pessoa, acho que o plano não vai negar o reembolso."

Ou então: "Doutor, deixei aí na clínica os exames que o senhor pediu na semana passada e eu estou com um pressentimento ruim. Se for câncer, não me diga doutor, sou capaz de me matar!".

"Bem, eu, eu, eu acho melhor o senhor marcar uma consulta presencial, que é mais cara mas a gente vai ter mais tempo de conversar. Se o senhor ligar agora, eu vou poder vê-lo logo depois do feriado da semana que vem. Boa tarde!"

*Toin, toin, toin.*

Não é possível que alguém ache que possa ser assim. Ninguém abraçará um computador ao sentir medo. Ficar doente já é ruim demais. Acrescentar solidão é crueldade.

Sabe por que não há outro jeito de ser médico? Porque a compaixão nunca será um sentimento virtual. Ela não se contenta em ser vista. Ela precisa ser tocada.

# Os fragmentos escorregadios da memória

SEMPRE QUE SE pretendeu recuperar dados da história pessoal de alguém a partir da própria fonte, ao contrário do que se previa, ficou evidente o quanto a nossa memória é falha ou, o que é muito frequente, tendenciosa e falsa. Em parte, porque negamos o que foi ruim e glamorizamos o que foi bom, de tal maneira que depois de muitas versões, nem um nem outro se parecem com o que contamos que tenham sido.

Então se aprendeu que se quisermos saber como de fato éramos, temos que registrar o que pensamos e sentimos em cada momento. Claro que depois de um tempo isso implicará em surpresas e pasmos além da tentativa patética de negar o inegável. Como na história da moça que comparou vestido antigo com ex-namorado, reunindo-os no mesmo comentário: "Não acredito que um dia eu tive a coragem de sair com *isto* na rua!". Pois é, mas teve, e provavelmente se achando muito.

As pesquisas sobre qualidade de vida de uma determinada população consideram elementar a prática do registro temporal sistemático, levando em consideração a tendência falsificadora de elementos subjetivos, facilmente descartados da memória pelo saudável exercício da negação. Foi assim quando se documentou que a existência de relações humanas ricas e numerosas aos cinquenta anos de idade tinha sido o fator determinante de vida saudável entre os afortunados octogenários. Sem o registro sistemático, talvez estivéssemos dando mais importância ao nível do colesterol ou ao perímetro abdominal. O mesmo ocorre quando garimpamos as nossas gavetas, nas quais as memórias arquivadas devem ser periodicamente sacudidas para revitalizar a alma e enternecer o coração. Ao preço de alguns espirros por mofo estocado, é comum que ao encerrarmos a expedição estejamos tão mais leves quanto mais tenhamos descoberto o número de vezes que despertamos em alguém o doce sentimento da gratidão.

Durante um tempo fui tentado a hierarquizar os registros, mas depois percebi que a importância que eu dava a cada história não era constante, e que algumas citações que tinham liderado o ranking depois de alguns anos estavam ameaçadas de rebaixamento. E não por culpa delas, mas por conta do quanto eu tinha mudado em sensibilidade, amadurecimento ou desânimo.

Na tarde de 16 de maio de 1989, o Vilamir, que tinha passado pela sofrida experiência de primeiro transplantado de pulmão do continente, sem ter a consoladora possibilidade de compartilhar com alguém o medo colossal de sua experiência pioneira, despertou da anestesia, chorou, sorriu, chorou outra e outras vezes, e por fim, ainda intubado, pediu uma folha de papel para registrar com a letra trêmula de um pós-operatório imediato o mais denso desabafo que já presenciei nestes 45 anos de medicina de alta complexidade: "Eu não disse que esta porra ia dar certo?". Desde então, este bilhete, como topo da lista, não tem sido ameaçado.

# ÚLTIMA PROMESSA

A VELHICE TRAZ umas atribuições curiosas porque impõe urgência em coisas que foram negligenciadas pela vida toda. Depois de uma certa idade, prestação de contas e reparações ocupam os espaços vazios da nossa vida com tal frequência que, lá pelas tantas, nenhuma dúvida: a velhice é a pátria dos espaços vazios. Os problemas de convívio começam quando as famílias não conseguem disfarçar que o vagão ocupado pelo vozinho é um atravanco na locomotiva dos filhos. Abraham era um alfaiate judeu, de 88 anos, que vivia na Argentina desde os dezoito e foi surpreendido com a revelação de que suas quatro filhas amadas tinham vendido a casa onde vivera desde sempre e lhe destinado uma hospedagem, anunciada como digna, num lar de velhos desconhecidos. Em represália à iniciativa da prole que decidira o que fazer sem consultá-lo, foi a uma agência de turismo e, com suas economias, comprou um pacote de viagem para a Polônia, com a intenção de reencontrar um amigo que lhe salvara a vida no final da guerra, ajudando-o a fugir do inferno nazista. A promessa de voltar um dia para prestar contas ao amigo de como vivera a vida que lhe salvara enfrentaria um grande problema: já haviam se passado setenta anos e nenhum contato ocorrera desde então. O roteiro pela Europa deveria ser cumprido por via ferroviária e, em Paris, foi socorrido por uma mulher jovem que, ao vê-lo ridicularizado tentando se comunicar sem falar francês, resolveu ajudá-lo, e descobriu então que ele não aceitaria que o roteiro passasse pela Alemanha, um país em que ele jurara nunca mais pôr os pés. E justificou contando-lhe a experiência horrorosa de perder um irmão menor que teria escapado da câmara de gás se tivesse mais de onze anos, mas lhe faltava um mês para alcançar aquela idade, que o habilitaria ao trabalho escravo. A derrubada dos preconceitos começou quando a jovem, solidária e generosa, confessou que ela própria era alemã, e argumentou que o povo da Alemanha moderna tem consciência daqueles absurdos e ainda se sente constrangido pelo passado. De qualquer modo, na estação alemã onde faria o traslado para Varsóvia, ela teve que improvisar um tapete com roupas estendidas por uns dez metros, até o banco onde ele esperaria o próximo trem. A decisão de não tocar o solo alemão foi respeitada. No caminho para a Polônia ele teve uma série de alucinações no trem e acabou caindo desacordado. Acordou num hospital polonês, aos cuidados de uma linda médica com quem se comunicou em iídiche e ouviu dela a triste informação de que a sua perna direita, com péssima circulação, devia ser amputada. Ele implorou a prorrogação da cirurgia por mais uns dois dias, porque precisava daquela perna para encontrar o tal amigo. Comovida com a história, a médica resolveu ajudá-lo, e peregrinaram pelas ruas do bairro onde vivera em Varsóvia. Numa ansiedade previsível, ele confessa: "Tenho medo que ele não esteja, tenho medo que esteja, tenho medo de tudo". Chegando ao antigo endereço, ele contemplou a fachada de um ateliê, até que, de repente, ocupou a janela um velho de cabeça muito branca, e eles não precisaram mais do que poucos segundos para se descobrirem. E então o amigo, que tinha melhores pernas, correu para abraçá-lo. Soluçando de emoção, ele entregou ao amigo um traje que recebera dele como um presente antes da viagem para a Argentina, havia setenta anos. Quando o amigo perguntou se era o traje azul, ele balançou a cabeça e chorou, e choramos todos, outra vez. *O último traje* é um filme argentino, escrito e dirigido por Pablo Solarz. E confirma que com uma linda história, três ou quatro bons atores e uma direção sensível, é possível criar uma obra memorável, sem os custos astronômicos das superproduções. Em tempo, esse filme nunca concorrerá ao Oscar de efeitos especiais. Mas o efeito que provoca na gente, esse sim é especial.

# Onde estão todos?
# Alguém pode me ouvir?

A SURDEZ PRECONCEITUOSA talvez seja a ponta mais aguda da humilhação. *A morte de Ivan Ilitch*, a notável novela de Leon Tolstói, considerada uma leitura obrigatória para todos os médicos ou pretendentes, trata das muitas facetas do sofrimento vistas pelo lado do paciente, o que lhe confere uma densidade desconcertante. Resume a história de um juiz todo-poderoso, na Rússia czarista, que se vê progressivamente mais doente e experimenta a mais cruel solidão, rodeado de pessoas que deviam protegê-lo, mas só fazem mentir, negar, e nem percebem que ele só precisava ser ouvido. Semanas depois, levado a consultar um especialista, imaginou a chance de falar do mal que o afligia, porém foi de imediato interrompido pelo eminente professor que lhe disse que não precisava falar nada, porque já sabia o que ele tinha. Nesse dia, mais do que magoado, ele sentiu-se punido pela ironia, porque percebeu que aquela atitude prepotente era a que ele próprio, pleno de saúde e soberba, utilizava como um ser supremo no seu tribunal.

Na verdade, ele flagrara naquele arremedo de médico um tipo de surdez, comum entre os poderosos: a que predetermina que não há nada que aquele mísero interlocutor venha dizer que possa ter o menor interesse. E aqui se incluem todos os que se sentem plenos de poder. Se, por exemplo, a maioria dos políticos percebesse o quanto o ar de enfaro com aquele olho desnivelado e distante desconstrói a sua imagem, repensaria seriamente as campanhas de corpo a corpo, quando nem percebem o mal que fazem com aquele misto repulsivo de indiferença e sudorese que espalham sobre os incautos cidadãos sedentos de míseros segundos de atenção, avidamente registrados na câmera do celular emprestado. Uma boa parte daqueles potenciais eleitores, quando apta a identificar a desconsideração escancarada no vazio do olhar, voltará para casa convencida de que, neste tipo, de jeito nenhum.

Uma situação muito semelhante ocorre nos nossos ambulatórios e hospitais: quase ninguém mais tem paciência para ouvir, esta que é a atitude mais elementar no relacionamento digno entre duas pessoas, e que, negada, acaba acrescentando a solidão ao rosário de queixas de quem só precisava um grão de afeto para que se sentisse respeitado e significante. Uma pesquisa americana com entrevistas gravadas em sigilo demonstrou que catorze segundos é o tempo médio para que o doutor interrompa o pobre paciente, que se sentirá multiplicado na sensação de abandono e solidão. A imagem do mestre à beira do leito, rodeado de alunos e examinando o paciente, foi sendo tristemente substituída pela sala de reuniões, em que todos debatem as condutas a serem adotadas em função das magníficas imagens do computador. Enquanto isto, o dono daqueles órgãos, vistos ali em três dimensões, se começasse a gritar, lá do seu cantinho: "Onde estão todos, alguém pode falar comigo?", certamente seria encaminhado para terapia com algum especialista em ansiedade. Por isso, não pareceu nada surpreendente que uma enquete feita em um hospital universitário brasileiro sobre qual nível da graduação prestava um atendimento mais festejado pelos pacientes tenha revelado uma alta preferência pelos alunos do terceiro ano, justo os que estavam mais longe de se sentirem "prontos", mas que, desarmados de soberba, ouviam mais e se deliciavam com as histórias daqueles corações solitários. Lembro que lá pelo final do terceiro ano fiz uma anamnese na Enfermaria de Gastro e, ao sair, a velhinha que eu entrevistara mais ouvindo do que perguntando, porque eu nem sabia o que perguntar, me disse: "Gostei muito desse doutor, porque ele ouve com os olhos". Não consegui confessar o quanto eu estava longe de ser médico, pois nunca me sentira tanto como se já fosse.

Saí rápido para a rua porque achei que ia chorar. Devia ter chorado, a causa era justa!

# O RISCO DE SE TER OPINIÃO

*A necessidade de explicar a cada frase
o que é mesmo que se quis dizer significa só
que devemos trocar de interlocutor.
O desconfiado e o obtuso são insuportáveis.*

"Para onde vão nossos silêncios quando deixamos de dizer o que sentimos?", quis saber Quino, o mais famoso cartunista argentino, numa de suas frases memoráveis, recém-colocada como um minioutdoor na fachada de uma banca de revistas próxima ao obelisco, em Buenos Aires. Sentado no café da esquina, munido de um *doble con crema*, fiquei observando a reação dos passantes numa manhã de sol quebrando o vento frio da avenida. Houve de tudo. Desde quem passasse rápido e súbito desse a volta porque tinha sido fisgado pela sutileza da pergunta, até quem fizesse aquela cara de deixa pra lá que todos fazemos ao ler as mensagens debiloides que enchem as redes sociais com a tola pretensão de sabedoria.

Por fim, um grupo de velhinhos, que identificaria como o clube da aposentadoria, reunido para o rotineiro café da manhã, chegou para ficar. E então houve o debate, e me acerquei para acompanhar. Não faltou quem elogiasse a genialidade do autor, nem quem fizesse uma referência preconceituosa aos tempos em que a língua afiada de Quino atormentava os sensores da ditadura argentina.

Segui pela avenida com a pergunta martelando, porque tenho a convicção antiga de que sempre que deixamos de dizer o que "tinha que ser dito" encolhemos. Inevitavelmente. Mesmo que tempos depois consideremos que o recuo tenha sido construtivo.

E todos lembramos das vezes em que fomos capazes de expressar o que sentíamos, sem medo ou com ele tão subjugado que ninguém percebeu. E falamos desses momentos com um entusiasmo que permite até alguns pequenos acréscimos glamorosos em cada reprise da história original. Lamentavelmente esses instantes de êxtase para a nossa autoestima perdem de goleada para as humilhações que nos são impostas pela lerdeza mental ou pela covardia. Não sei o que é pior, se reconhecer que por falta de coragem não fomos capazes de dizer o que precisava ser dito ou assumir que a ideia genial que liquidaria nosso oponente só nos ocorreu depois que o palco da discussão já tenha sido desmontado.

Quando cheguei ao hotel, eu tinha, outra vez com atraso, a pergunta respondida: os silêncios que nos são impostos, pela indisfarçável dose de submissão que contêm, não se apagam nunca, mas ficam arquivados no escaninho de entrada da memória, para serem reativados na primeira oportunidade em que o assunto voltar à discussão.

E quando isso ocorrer, e provavelmente ocorrerá, teremos a esperada segunda chance de reconciliação com nosso amor próprio, ou afundaremos no arrependimento definitivo. Essa é a hora da sabedoria, que se espera tenhamos apressadamente conquistado entre um e outro episódio. E ser sábio aqui significa evitar os impulsos agressivos, porque se eles assumirem o ar de mera revanche provavelmente naufragaremos. E, dessa vez, sem resgate. A agressividade requentada, como se sabe bem, machuca mais o agressor do que o agredido. E ser assim percebido é só uma questão de tempo.

# Qualquer desatenção

A GENTE SABE tão pouco do que passa na cabeça das pessoas, mesmo daquelas, ou principalmente daquelas, que supomos conhecer. E talvez o mais desafiador do convívio esteja exatamente no imprevisto que tantas vezes resulta na sensação pra lá de desconfortável de que não conhecemos a criatura de quem nos considerávamos íntimos.

Essas descobertas podem ser amargas e explosivas, deixando a sensação de terra arrasada depois de nos transformarem em terra.

Muitas vezes, os mais perspicazes anteveem a notícia ruim pela linguagem corporal, mas quase sempre a palavra é o instrumento indispensável para remover o pino da desgraça. Alguns dão a notícia aniquiladora sem nenhuma emoção, o que significa uma mistura de crueldade com experiência maligna. Em escala crescente, situam-se os sádicos, que não conseguem evitar um esboço de riso, que tentam conter para cumprir as recomendações do manual de demissão, mas não conseguem dissimular o deslumbramento que o exercício da maldade confere ao sociopata.

Outros, com um leve resíduo de humanidade, desviam o olhar, porque circunstancialmente se imaginaram do lado de lá.

Na escola é comum que o adolescente desenvolva uma palidez de morte quando a professora, com um risinho enviesado, pergunta: "Quantas matérias você supõe que ainda será possível recuperar, meu querido?".

No trabalho, as frases emblemáticas como "precisamos rever as metas" ou "a empresa está passando por um momento difícil" põem a vítima no cadafalso, talvez com a corda frouxa, mas já no pescoço. Porque nem o mais otimista dos evangélicos se animaria em pensar: "Que bom que o chefe resolveu ouvir minha opinião sobre esta crise!".

Talvez a mais benigna das utilidades de discutir a relação, esta que é, de longe, a mais chata das convocações que a mulher pode fazer no casamento, tenha essa perspectiva: reduzir o impacto de uma conversa que muitas vezes começa amistosa até o outro descobrir que sua amada está usando um colete de explosivos.

Numa discussão amorosa, os especialistas confirmam que o mais confiável prenúncio de cataclismo é a incompreensível ausência de lágrimas, que tantas vezes escorreram pela cara sem a preocupação de borrar a pintura, porque lá no início só pretendiam funcionar como um desesperado pedido de socorro. Na iminência de uma tragédia afetiva, a falta de lágrimas, alertam os experts, significa: prepare-se para o pior. De qualquer maneira, independente do tipo de relação, pessoal ou profissional, todo o comunicado que pareça surpreendente significa apenas que você, há muito tempo, está desatento com seus afetos.

E no amor, como já alertou o Chico, "qualquer desatenção, faça não! Pode ser a gota d'água!".

# O QUE FAZER COM UMA AMIZADE VIRTUAL?

Há uma incontrolável ânsia de usar todos os instrumentos de aproximação virtual para conectar pessoas que foram convivas em épocas tão remotas que o tempo se encarregou de borrar-lhes a lembrança.

O convite para que participasse de um grupo de WhatsApp que devia reunir todos os sobreviventes de um tempo de colégio me pareceu desde logo assustador. Não conseguia imaginar como recuperar uma intimidade necessária para justificar a reaproximação depois de, sei lá, 55 anos, só porque essa prática virou uma febre (passageira?) na internet. O desespero aumentou quando fomos comunicados que todos os abaixo listados estavam automaticamente incluídos no grupo, e eu só lembrava bem de uns cinco de uma turma de cinquenta.

O mal-estar se ampliou com a certeza de que aquele clique bendito que resultaria no "saiu do grupo", e que seria a prova de que Deus existe para nos socorrer, provocaria uma reação de antipatia instantânea, seguramente enriquecida pela frase mais previsível "esse sempre se achou muito!".

E então, ainda meio atazanado, assisti pipocarem incríveis fotos com caras sempre sorridentes, aparentemente conservadas no formol da memória por algum colecionador de saudades, mostrando um bando de queridões que a vida dispersara, talvez com a intenção de mostrar que poderíamos sobreviver sem eles. O que, afinal, tínhamos conseguido.

A presença de fotos daquela época produziu uma sensação de nostalgia com algum desalento pelo confronto do que fomos e o que sobrou de nós, que invariavelmente foi menos do que gostaríamos. E algumas vezes tão menos que não conseguimos disfarçar o constrangimento de nem nos reconhecermos nas fotos desbotadas por décadas de gavetas mofadas.

Logo depois, um entusiasta aposentado sugeriu que a confraternização se materializasse num encontro formal, um desses em que as pessoas falam olhando no olho e se tocam e, quando felizes, se abraçam, mas não deu certo.

Acabaram reunidos menos de dez por cento dos animados debatedores do WhatsApp, e não por acaso eram apenas aqueles que nunca se desconectaram e, por razões de proximidade e afeto, se encontram regularmente, à moda antiga.

Para mim esse movimento de fraternidade virtual tem sido um laboratório afetivo extremamente rico, deixando claro que temos muito a aprender com essas amizades que se anunciam eternas, mas que soam surreais sempre que a distância geográfica impedir a dependência afetiva, que só se preserva com o selo generoso de um abraço.

Voltando à pergunta inicial: se a lembrança da amizade virtual é confortável, deixe-a quieta. Materializá-la em muito se parecerá com o esforço pouco inteligente de reativar um amor antigo, o que inexoravelmente implicará em duas mortes. A da fantasia alimentada durante o intervalo de solidão e a da saudade. Dois sentimentos lindos demais para serem atropelados pela aspereza da realidade.

# Os aborígines não emigram

TODA A MUDANÇA é sofrida e acompanhada de algum sentimento de perda ou de frustração. É assim na demissão involuntária, no reconhecimento do fracasso de algum projeto de vida ou no fim de uma relação amorosa. Se essas mudanças, sem que se mude de cidade ou continente, já machucam, imagine-se o sofrimento de quem arranca a vida pela raiz, que é o que fazem os que abandonam o passado para recomeçar em outro lugar.

Convivi muito com emigrantes, e aqui uma triagem é indispensável: há os que fazem da emigração um recurso último de sobrevivência porque cresceram em ambientes incompatíveis com uma vida digna para si e principalmente para suas proles, e então, por falta de alternativas, toda a mudança, mesmo que com ares de fuga, se justifica. Um segundo grupo é formado pela legião de competentes subvalorizados que tiveram seus méritos ignorados por quem devia prestigiá-los e que, quando reconhecidos por estrangeiros, partem com um misto de regozijo e revanche. Como todos têm mais do que obrigação de buscar o melhor para si, também estes batem asas, cheios de razão. Mas há um terceiro contingente que sempre me inquietou: o dos que parecem não pertencer a lugar algum e abanam as tranças por qualquer razão ou nenhuma que se perceba, e carregam lembranças, histórias e talvez alguma reminiscência carinhosa em três ou quatro malas grandes que depois repousarão em outra garagem remota, sempre inquietas à espera de novo surto de renovação ambiental.

Provei a angústia de mudar de cenário, palco e teatro, uma vez na vida. Com trinta e poucos anos, parecia uma oportunidade dourada. Convidado a permanecer na Clínica Mayo, aquilo sacudiu meus alicerces. Racionalmente, confrontada com a realidade que me esperava na Santa Casa dos anos 1980, a maioria das pessoas não pensaria duas vezes, e eu remoí umas duzentas. Depois de dormir mal durante uns três meses de um inverno inesquecível pela dúvida e muito andar pela cidade, descobri uma manhã que simplesmente não conseguiria deixar para trás as coisas que não saberia como substituir.

Hoje não me arrependo, a necessidade desafiadora de construir aqui o que já estava pronto lá serviu para justificar minha vida, mas se recordo alguns argumentos que usei para convencer a mim mesmo que não suportaria debandar, tudo me parece prosaico demais. Quem entenderia a paixão pela cor da cidade no outono, ou pelo colorido das ruas com os jacarandás de outubro, ou a saudade da Livraria Aurora, um sebo ali nos altos da Marechal Floriano, onde títulos antigos aguardavam ávidos que alguém os acolhesse? Ou de quem recordava com carinho do cheiro de churrasco nas manhãs de domingo? E como explicar aquela paz macia que enchia o coração não religioso, depois de quinze minutos sentado, sem rezar, na Capela da Santa Casa? Ou, ainda, como racionalizar a emigração de um tipo que sentia o peito insuflar como se fosse explodir ao entrar no Olímpico cheio, em dia de decisão? Depois de tantas dúvidas, uma única certeza:

os aborígines têm raízes mais profundas do que força para arrancá-las. Melhor deixá-los em paz, fincados naquele chão que aos outros pode parecer árido, mas lhes lubrificam os olhos ao chamá-lo de seu.

# A PRESSA:
## UMA DOENÇA DO NOSSO TEMPO

EM QUE MOMENTO da vida contemporânea a pressa começou a ser valorizada? Todos os veteranos que consultei estão convencidos de que foi na segunda metade do século XX e se socorrem nessa argumentação da lembrança nostálgica de uma época marcada por conversas recheadas de pausas silenciosas e reflexões sonolentas.

Os jovens não vão acreditar, mas as pessoas se visitavam, e havia um ritual que não podia ser quebrado sob pena de melindres, porque a pressa era sinal de má educação. As refeições eram exercícios de delicadeza na espera de pratos alternados com tamanha parcimônia que era possível fazer a digestão entre eles. Os jornais de dias passados eram lidos e comentados com a naturalidade de quem não se irritava com notícias requentadas. Aliás, a primeira coisa que meu avô fazia eram as palavras cruzadas, como a dizer que tudo mais podia esperar. Sem os instrumentos atuais da comunicação instantânea, não havia notícia velha. Tudo era novidade, porque até o envelhecer demandava um tempo maior. Não havia horário de verão, porque os finais de tarde eram o momento de jogar conversa fora, e mais ou menos luz não afetava nada, e muitos acreditavam até que as gargalhadas no escuro eram mais divertidas. Ninguém precisava sair mais cedo para evitar engarrafamentos, porque eles eram exclusividade de carreata política, procissão ou carnaval, e então se ouviam buzinas que não significavam irritação, mas a alegria de compartilhar. As pessoas que queriam reivindicar alguma coisa também iam para rua, mas eram mais racionais: ninguém pensaria em conquistar adeptos à sua causa atazanando a vida de quem não tem como resolver o problema. A desinteligência de mostrar que se está infeliz infelicitando a vida de quem não tem nada com isso veio bem depois, com ares de originalidade.

Meus tios-avós jogavam xadrez, um jogo talhado à meditação, incluindo pausas ilimitadas que permitiam que o parceiro fosse ao mercado, enquanto o desafiado ficava maquinando a próxima jogada, que algumas vezes chegava tresnoitada, e ninguém se incomodava.

De repente o mundo acelerou, e todo o resquício de solenidade morreu quando alguém entrou num boteco moderno, que depois passou a se chamar fast-food, e comeu em pé, tendo sido logo depois superado por outro tipo, que comprou um cachorro-quente e saiu mastigando pela rua. Mais ou menos nessa época nasceu o "vamos lá!" como um mantra da vida moderna, sem que soubéssemos bem para onde ir. Em seguida sumiu o tempo da conversa fiada, o olho no olho foi substituído pelo visor colorido do smartphone, e os amigos foram convertidos em seguidores, sem identidade definida. Conta-se até que naquele curto período em que o WhatsApp foi suspenso por uma estapafúrdia ordem judicial houve pânico entre os digitadores que tiveram que conversar, e quase ninguém mais lembrava de como se fazia isto. Os avanços também serviram para criar uns paradoxos: os deslocamentos na cidade, que deveriam ser favorecidos pelos veículos mais rápidos, esbarraram nos congestionamentos e, segundo dados do World Watch Institute, a lerdeza dos traslados nas grandes metrópoles em 2000 era exatamente igual a de 1900, pois os engarrafamentos atuais equipararam os veículos velozes às carruagens do século XIX. A curiosa noção de que progresso significa que tudo seja realizado em tempo mínimo serviu para aumentar o estresse, em um processo em que o trânsito passou a funcionar como uma usina de ansiedade, comprometendo saúde e qualidade de vida. Visto como um dos principais geradores das doenças cardiológicas e maior causa de morte na população com menos de sessenta anos, o estresse precisa ser urgentemente prevenido com a noção básica de que, como já alertou um desacelerado assumido, é preferível chegar atrasado neste mundo do que adiantado no outro.

# O AMOR NÃO PRECISA
## SER POLITICAMENTE CORRETO

Depois da primeira década de atividade médica, há uma descoberta inevitável: as doenças são monótonas e repetitivas, o que as torna enfadonhas, na maioria das vezes. E é exatamente nessa encruzilhada profissional que os médicos se dividem em dois grupos: os que tratam as doenças e aqueles felizardos que cuidam de pessoas que adoeceram, e nunca cansam de aprender, compartilhar, sofrer, se emocionar e, eventualmente, se divertir com a infinita variedade de tipos que, em situações semelhantes, agem de maneira original e imprevisível.

Os médicos do primeiro grupo têm um certo enfaro no olhar, raramente sorriem e desperdiçam, sem perceber, uma matéria-prima riquíssima que poderia torná-los mais interessantes como indivíduos, sem comprometer a imagem de cientistas pobremente concentrados em si mesmo.

É verdade que os integrantes do segundo grupo se expõem mais, e isto implicará em algumas circunstâncias, em compartilhar sofrimento, mas é só assim, escancarados, que os médicos verdadeiros conhecerão as benesses da gentileza espontânea, do carinho retribuído, do respeito explícito e da gratidão compensadora.

Se isto tudo não bastasse, ainda há um bônus: essas criaturas, mesmo estando ou tendo estado doentes, muitas vezes deixam histórias divertidas, porque a vida sempre mistura o trágico e o cômico para que um faça o outro suportável.

O Elmano, um italiano de quase dois metros de altura, casado com a Janete, uma baixinha sorridente, foi operado de um câncer de pulmão e, numa revisão, seis anos depois, confessou que, apesar de tudo, ainda não tinha conseguido parar de fumar. Fiz a prescrição, orientei que aumentasse a atividade física e voltasse. Três meses depois, na reconsulta, cobrei as promessas que fizera:
"E então, parou de fumar?"
"Nunca mais um cigarro na boca." E a baixinha aparteou: "Fumou na semana passada".
"E as caminhadas?"
"Ah, doutor, eu caminho o dia inteiro."
"Não acredite nele, doutor, ele só caminha até a garagem!"
A cada intervenção da mulher, ele resmungava: "Mas que mulherzinha irritante! E pequena!".
Depois que ele chamou a mulher de *pequena* pela terceira vez, questionei: "Mas ela não devia ser mais alta quando você se apaixonou por ela. Por que isso o incomoda agora?".
"O que me incomoda? Dá pena bater, ora!" Ela, sorridente, disse: "Não acredite nisso, doutor, ele nunca me encostou um dedo, e eu amo muito este gringo!".
"Não precisava dizer isso, pequena, só você estar aqui com essa cara linda já é a prova."
Saíram abraçados e sorridentes. Antes que entrasse o próximo paciente, escrevi na ficha do computador para, quem sabe, incluir essa história numa crônica futura: "A descontração carinhosa só existe entre os que se amam tanto, que podem debochar das palavras que aos outros ofenderiam".

# Houve um tempo em que só tínhamos que ser médicos

O ATUAL SISTEMA de saúde pública respira com ajuda de aparelhos, porque lá na sua origem não houve a preocupação de provê-lo de recursos para acompanhar as mudanças impostas por duas variáveis previsíveis e que se revelaram devastadoras para um modelo romântico, surreal e meio demagógico: o incremento exponencial de dependentes em função da falta de planejamento familiar da população mais necessitada, e o aumento real do custo da medicina moderna enriquecida de tecnologias em constante evolução. Ninguém ousaria considerar lamentável o aumento da idade média da população, observável em curva ascendente a cada década, mas também nenhum gestor pode ignorar o quanto a festejada maior longevidade acrescenta de despesas com o cuidado de mais doenças degenerativas.

Na medida em que o custeio da saúde pública ficou insustentável, os planos privados de saúde suplementar assumiram um protagonismo cada vez maior e, como não podia ser de outra forma, com visão empresarial, o que transformou os pacientes em clientes externos e seus tratamentos em códigos e números, que passaram a ser regidos por projeções e metas. Para a prosperidade do negócio saúde, a figura do médico passou a ser considerada essencial, porque afinal ele não podia sair por aí prescrevendo ingenuamente tratamentos que onerassem o plano, corroendo a margem de lucro do empresário que, em nome do crescimento da empresa, impõe limites de gastos. E, assim, o plano disponível na hora de usar em nada se parece com o da publicidade.

O crescimento de algumas empresas do segmento saúde foi extraordinário, a ponto do dono de uma delas (que era médico) ter declarado sem nenhum pudor que atribuía o seu sucesso empresarial astronômico ao privilégio de contar com uma mão de obra qualificada e barata, que era a classe médica brasileira. Não se ouviu mais do que resmungos de alguns dos 450 mil tripudiados existentes no país e que aparentemente estavam tão ocupados com os cuidados de pessoas doentes que nem perceberam a extensão do ultraje. Quem paga por algum serviço sente-se, justificadamente, no direito de exigir contrapartida, e então o médico brasileiro se converteu inesperadamente em marisco, espremido entre o mar de exigências dos pacientes e a inflexibilidade do rochedo empresarial.

Como o pobre paciente não tem conhecimento dos meandros do processo, o médico, única ponta visível do sistema, passou a ser visto como um para-choque das mazelas da saúde, pública ou privada, e descobriu-se vulnerável diante de crescentes demandas judiciais.

Nesse fogo cruzado de interesses escusos, ele tem tentado sobreviver com a dignidade e o respeito historicamente destinados aos médicos de verdade. E haja esforço para preservar a altivez nesses tempos de honorários baixos, condições de trabalho precárias, ministros desqualificados (o último a debandar – graças a Deus – foi capaz da desfaçatez de dizer que os médicos brasileiros precisam parar de fingir que trabalham), e pressão dos planos de saúde para que o médico seja também um gestor de gastos, com o objetivo de preservar seu empreguinho de salários degradantes. Para quem achava que pior não podia ficar, uma surpresa: podia. Se um doente processar o médico, este se descobrirá absolutamente sozinho, e seus pedidos de apoio dos contratantes serão ignorados.

Com esse cenário de fogo amigo, tenho ensinado aos médicos jovens que, em uma demanda judicial, eles só encontrarão quem os defenda se tiverem priorizado integralmente o interesse do paciente, ou seja, o médico também tem que ser, o tempo todo, o advogado do cliente. E com uma fidelidade ideológica inabalável, como se vê em alguns ministros do Supremo.

# SÓ CONSEGUIMOS SER DO JEITO QUE SOMOS

ALÉM DAS DIFERENÇAS individuais que marcam cada ser humano como único e exclusivo, ainda existem as características impostas pelo meio em que ele viveu e se foi bem ou mal educado. Tudo contribui para forjar cada indivíduo como um exemplar exclusivo à semelhança das impressões digitais, diferentes entre os sete bilhões de peregrinos do planeta. Um pouco pelo caráter e muito pela educação, algumas civilizações têm atitudes completamente opostas quando confrontadas com situações idênticas. Provavelmente por isso, o Brasil, tão rico em miscigenação, é visto como um grande e inesgotável laboratório do comportamento humano. E o médico, se tiver tempo de ouvir e sensibilidade para depurar, se tornará compulsoriamente um especialista em gente, depois de conviver durante alguns anos com os espécimes mais diversos, que, além de variados, ainda chegam autenticados pelo medo da morte, o que elimina qualquer possibilidade ou ânimo para a dissimulação. Além disso, como o exercício do disfarce é muito cansativo, o dissimulado, mais cedo ou mais tarde, por distração ou fadiga, se revelará, e nada é tão humilhante quanto a queda da máscara. Então, a tendência é que quase todo o tempo sejamos do jeito que somos. Mesmo respeitadas as individualidades, existem comportamentos que se repetem em determinados grupos étnicos, como uma espécie de marca registrada de cada raça. É assim com a discrição absoluta dos anglo-saxões, a inflexibilidade dos orientais, a emotividade ruidosa dos italianos e o esforço nem sempre bem-sucedido dos judeus de disfarçar alguma desconfiança. Claro que isso não significa que uns e outros tenham mais ou menos emoções. Nada disso. Quer dizer apenas que o jeito de expressá-las ou contê-las é diferente.

Numa manhã especialmente complicada pela corrida contra o tempo, eu atendia no ambulatório quando entrou uma velhinha italiana, de cara fofa e bochecha muito vermelha, cheia de desculpas pela intromissão, e pediu para segurar minha mão. Meio sem jeito, ofereci a direita, e ela acrescentou: "Preciso das duas porque não sei qual será a mais importante na operação que o senhor vai fazer amanhã no Vilmar, meu neto querido!". Achei que ela daria uma espécie de benção, e não querendo criar atritos desnecessários com nenhuma divindade, alcancei-lhe a esquerda também. Ela então beijou a palma de ambas e, antes de sair, deixou sua recomendação final: "Bom, seu doutor médico, já fiz a minha parte, agora vê se capricha!".

O Dieter estava com quase 85 anos e cumpria a fase final da longa agonia de morrer por enfisema. A pneumologista que o atendia há anos no consultório passou a ser chamada pelo filho para vê-lo em casa, a cada duas ou três semanas, depois que ele perdeu definitivamente a condição de locomover-se. Mesmo com a fraqueza progressiva, o ritual se repetia com toda a solenidade: banho tomado, vestido com elegância, recebia a médica com a fidalguia de sempre. Uma tarde, talvez se sentindo cada vez mais próximo do fim, pediu à doutora: "Meu filho insiste em chamá-la, mas eu sei o quanto a senhora é atarefada, então queria pedir que não se ocupasse mais comigo, porque eu estou morrendo!". Ao sair, sem disfarçar a emoção, a doutora apoiou a mão naquele ombro magro e pediu: "Não morra, seu Dieter, porque eu gosto muito do senhor!". De costas para a porta, ele ficou em silêncio até o último instante. Quando ouviu o ruído da fechadura, reuniu todas as forças dos seus pulmões destruídos e disse, alto e silabado, o que deve ter representado para ele a mais eloquente mistura de gratidão com declaração de amor: "É re-cí-pro-co!".

# S.O.S. HUMANISMO

NÃO DÁ MAIS pra fazer de conta que está bem quando qualquer iniciante ou curioso percebe que está mal. Calma, a crônica não vai tratar de política. Vamos falar de educação médica, que tem suscitado tantos debates nas Escolas e Academias Médicas pelo mundo civilizado, e finalmente no Brasil, onde tudo acontece com a lentidão letárgica do subdesenvolvimento. Pressionados pelo descontentamento dos pacientes, explicitado no aumento crescente de manifestações pejorativas contra a classe médica, e, mais contundentemente, pela verdadeira explosão de demandas judiciais, ficou evidente o descompasso entre a formação de médicos mais qualificados tecnicamente e o número de pacientes mais infelizes com o atendimento, porque afinal a sofisticação de monitores frios mais assusta do que consola.

Para que esta análise preserve a seriedade que se pretende, precisamos excluir da amostra os equivocados, que se candidataram ao exercício dessa profissão por julgarem que ela seria o caminho mais curto para a consagração econômica, porque esses não podem ser confundidos com os médicos verdadeiros, visto que tendo errado a porta de entrada eles nunca irão a lugar nenhum que lembre, nem remotamente, o que significa ser médico. Ignorando essa escória ética, que nunca conhecerá o encanto de ser escolhido por algum doente, precisamos nos deter nas causas desse inegável distanciamento dos pacientes, que tem sido sentido até pelos médicos vocacionados. Não tenho dúvidas de que o aumento da tecnologia gerou potenciais malefícios: produziu profissionais tão imaturos que não percebem que a segurança tecnológica que os seduz possa ser sentida como um sinal de soberba pelo pobre paciente, que assustado pela fantasia da morte se nega a entender que não ter mais quem lhe ouça, toque e acaricie, possa ser considerado uma conquista da modernidade. Além disso, ficou evidente que, excluído qualquer viés corporativista, a equação, com raras exceções, é simples: paciente infeliz = médico equivocado.

Por outro lado, que ninguém seja tolo de propor que se abdique da tecnologia, porque é evidente que quanto mais melhor. O que não se pode é permitir que esses extraordinários avanços impliquem em omissão nas tarefas mais nobres na medicina, festejadas desde sempre e marcadas pela parceria, solidariedade e compaixão. E que deságuam num sentimento que é muito improvável que profissionais de qualquer outra área conheçam com tanta intensidade: a gratidão.

O que finalmente está ocorrendo é que as Escolas Médicas, orgulhosas de treinar futuros profissionais para diagnósticos brilhantes e tratamentos espetaculares, com quase três décadas de atraso, começaram a considerar a necessidade de cuidar da *pessoa doente*, depois de muitos S.O.S. generosidade. E num grande esforço de sensibilização dos jovens formandos, tratam de incluir nos currículos as disciplinas que envolvam humanidades, num flagrante pedido de socorro da medicina à literatura. Afinal, humanizar é o mais generoso atributo da arte.

# Solidão é ruim. A dois é pior

A COMPANHIA DE um era desagradável ao outro, e nenhum dos dois tinha a menor preocupação em disfarçar. Como aparentemente havia consenso de que aturar em silêncio era mais fácil, silenciaram. Uma das filhas lembrava de uma época em que mudanças inesperadas do tempo suscitavam algum comentário, mas depois entenderam que tudo se repetia e passaram a odiar os meteorologistas que conseguem, contra todas as forças da razão, demonstrar entusiasmo apesar da monotonia do assunto. E então, até a possibilidade de tormenta saiu da pauta. Ela tricotava sem parar, e como não fazia sentido debater a alternância de cores na confecção do pulôver, a ausência do diálogo se justificava. Ele, sempre pendurado no cachimbo, lia o jornal de ponta a ponta e sofria mais, porque várias vezes se deparava com notícias interessantes ou estapafúrdias e não as comentar provocava um sofrimento intenso de introspecção, e precisou de anos para aprender a domesticá-lo. Mas conseguiu, e um sorrisinho de aprovação ou um resmungo de repúdio, ambos quase silenciosos, enterravam a possibilidade cada vez mais remota de interação.

 Um dia, ele teve um acesso violento de tosse e foi cuspir no lavabo. Demorou alguns minutos, deu descarga várias vezes e voltou ao Caderno de Esportes. Ela teria sabido que alguma coisa mudara no olhar dele, onde a altivez cedera lugar ao medo. Mas para isso ela deveria tê-lo encarado por um tempo incomum, algo como uns dois segundos.

Os acessos de tosse se tornaram mais frequentes, e logo caíram na rotina, pois ocorriam sempre durante a cachimbada do meio da tarde. E a rotina, como se sabe, é indispensável na construção da paz dos solitários. Uma tarde, a Amantina, uma servente antiga, veio servir-lhe um cafezinho e comentou assustada: "Mas, seu Miguel, o que é essa mancha de sangue na sua blusa?". Antes que ele abrisse a boca, a justificativa veio do outro lado da sala: "Deve ter se cortado. Bem que eu avisei que tem que botar os óculos para se barbear, mas quem diz que ele me escuta?".

Miguel não conteve um olhar de tristeza, e a Amantina se afastou em silenciosa cumplicidade: ele deixara a barba crescer havia dois anos. Na semana seguinte, o sangramento se repetiu, e a esposa ligou para o filho comunicando a novidade. Teriam combinado que ele devia suspender esses remédios que afinam o sangue e facilitam sangramento. Se o problema persistisse, depois de uma semana, ele seria levado ao médico. Tão deprimido que andava, não teve ânimo para comentar que estava escarrando sangue havia cinco meses.

Antes de completar a semana de observação, ele teve uma queda no banheiro, foi levado ao hospital em coma, e se constatou uma grande lesão no cérebro, com características de metástase. A tomografia de tórax confirmou o pulmão como sede do tumor primitivo, como ocorre na maioria desses casos. Soube da morte do Miguel pelo jornal, procurei na ficha do consultório, e a última revisão tinha mais de cinco anos. Quando liguei para saber o que tinha ocorrido, a esposa foi sucinta: "O senhor acredita que o

Miguel, teimoso como uma mula, nunca deixou de fumar? Deu no que deu!". Antes que eu dissesse que não sabia o que dizer, a ligação, por sorte, caiu. Esperei que ela retornasse. Em vão. Eu senti que tinha interrompido o tricô!

# O CARÁTER E A REJEIÇÃO

Os LEIGOS TENDEM a escolher hospitais pela publicidade, que para ser eficiente tem que alcançar o sonho da imortalidade popular mais fantasioso. Lembro de uma senhora cujo pai, um grande empresário, descobriu-se com câncer, e as notícias médicas eram nada animadoras. O apelo telefônico, e havia desespero na voz, era para saber se eu tinha algum médico conhecido no Hospital Sírio Libanês, porque depois de uma reunião da família os filhos haviam decidido que, sendo rico como era, o patriarca merecia um tratamento que alongasse ao máximo a sua vida gloriosa, uma coisa assim do tipo "José Alencar, para o papai!".

A história do bonachão, então vice-presidente da República, com inúmeras cirurgias e rápido retorno à vida normal, animara o imaginário daquela família de filhos amorosos e ingênuos. Abstraídos os casos de delírio infantil, pode-se dizer que existem, sim, parâmetros muito mais objetivos para selecionar instituições pela qualidade técnica do seu atendimento. Num cenário bem realista, provavelmente nada credencia mais um hospital do que a disponibilidade de múltiplos transplantes. E por uma razão muito simples: a qualificação técnica indispensável para se implantar um programa de transplante, além de extraordinariamente exigente, ainda tem a característica ímpar de não ser exclusiva. Ou seja, os avanços tecnológicos estarão disponíveis para todos os pacientes atuais e futuros daquele serviço, não apenas para a população transplantada.

Dirigindo o Centro de Transplantes da Santa Casa, erigido pelo esforço generoso de um grupo de empresários diferenciados pela insuperável noção de responsabilidade social, tenho acompanhado o imenso esforço administrativo para mantê-lo atuando em alto nível, preservando a dimensão dos sonhos embalados durante a sua concepção. E então, algumas aberrações se tornaram aparentes: mais de quarenta por cento dos brasileiros têm plano de saúde privada e 95 por cento de todos os transplantes são bancados pelo SUS.

E por que este absurdo? Porque a Agência Nacional de Saúde Suplementar (ANSS), sabe-se lá por quais critérios, considera obrigatório que os planos de saúde paguem apenas os transplantes de rim, córnea e medula. Ou seja, se você pagou o seu plano de saúde durante a vida toda e não teve chance de escolher qual órgão pifaria lá pelas tantas, reze para que a necessidade não inclua transplante de coração, fígado, pâncreas ou pulmão. Porque nesses casos o seu transplante onerará o já combalido sistema público de saúde. Curiosamente, os gestores da saúde enchem a boca para falar do maior programa de transplante em saúde pública do mundo, ignorando que em nenhum lugar do planeta o Estado assume responsabilidades contratadas pela iniciativa privada. O modelo vigente aqui, além de restringir o número de centros interessados, é uma enorme injustiça com o paciente que pagou o seu plano com regularidade, com os raros hospitais que ainda investem em alta complexidade e são sacrificados pela remuneração insuficiente do SUS, e com o próprio SUS que, se não fosse essa insanidade da ANSS, teria mais recursos para tratar dos pacientes que dependem exclusivamente dele.

Agredidos pelo absurdo, alguns doentes pressionam judicialmente seus convênios a assumir o custeio do transplante, mas para isto tem que haver a iniciativa do paciente, o que é sempre desgastante. Aliás, nessa circunstância há uma impressionante diversidade de atitudes. Dois exemplos opostos: um homem que batalhou no limite das suas forças para ser atendido e, arfante de enfisema e orgulho, trouxe a liminar definitiva. E uma profissional liberal que, enquanto com falta de ar, prometeu que, bem relacionada como era, certamente conseguiria que o plano assumisse o encargo e que, quando chamada para o transplante, anunciou que desistira do preito porque se dera conta de que "ela era uma brasileira". Ninguém questionou o que isso significava, mas não pareceu uma coisa boa. Sorte dela que caráter não interfere no índice de rejeição do órgão.

# Também se ri. Às vezes, muito

A MAIORIA DOS leigos supõe que a medicina não permite espaços para o riso. Certo que não há para o riso permanente, mas como o trágico e o cômico são vizinhos de porta, todos nós, com décadas de atividade médica, temos muitas e boas histórias pra contar. São histórias simples, envolvem facetas variadas que constituem a essência da espécie, onde se misturam em doses individuais e aleatórias virtude, cinismo, bondade, gratidão, inocência, pretensão e ingenuidade, que tornam o ser humano tão sedutor quanto imprevisível. Repasso três, recebidas recentemente de um colega inteligente e bem-humorado:

• Uma velhinha, acompanhada da filha, volta ao consultório da médica que a operara dez anos antes e, ao sentar-se, diz: "Dra. Marta, como a senhora está bem, continua linda!". A doutora, lisonjeada, retoma a consulta, bem feliz. No final, quando a avozinha levantou-se para sair, tropeçou na poltrona e foi prontamente socorrida pela médica. A filha, então, justificou: "Perdão, doutora, é que mamãe está com apenas cinco por cento da visão".

• Um professor de cirurgia envelheceu, conservado como poucos. Com sua farta cabeleira grisalha e um físico preservado pelo prazer de jogar tênis três vezes por semana, seria usado em qualquer comercial que pretendesse ilustrar qualidade de vida na velhice. Afora a pinta de galã, ainda mantinha intacta a sua assombrosa autoestima. Caminhava pelo corredor do hospital para uma visita pré-operatória de uma senhora idosa, sua conterrânea, que não via há muitos anos. Na entrada da suíte ficou impressionado com a beleza de uma jovem, que a paciente se apressou em apresentar-lhe como sua neta do coração. Durante as explicações referentes à cirurgia, várias vezes espichou o olho para deslumbrar-se um pouco mais com a beleza esplendorosa da juventude. Na despedida, o nosso doutor elogiou a boa condição física da paciente e assegurou que isso ajudaria muito na evolução pós-operatória. Antes de fechar a porta, a avó retribuiu: "Obrigada, doutor, eu também fiquei feliz e aliviada ao revê-lo, porque não imaginava que o senhor, na sua idade, ainda continuasse operando!".

• Um experiente anestesista, lá pelas onze horas da noite, foi chamado ao bloco cirúrgico para uma operação de urgência, de um senhor idoso, com uma facada no abdome e sinais de sangramento peritoneal. Perguntas sobre alergias, asma, hipertensão, uso de anticoagulantes, diabete, cirurgias prévias, ou alguma doença conhecida fazem parte da avaliação pré-cirúrgica obrigatória, mas na anamnese rudimentar de porta do bloco a principal preocupação é com o tempo de jejum. Por isso iniciou o questionário com a pergunta básica: "Seu Valdemar, o senhor jantou?".

E o velhinho respondeu: "Não, doutor, não jantei, mas não se preocupe em arranjar comida pra mim numa hora dessas porque até ando meio sem fome!!".

Então, vamos lá.

# A verdade cruel e inútil

QUAL O MAIOR talento de um grande ator? Certamente é a habilidade de ocultar sentimentos, de viver papéis que se opõem ao que ele possa estar sentindo e fazer isso com uma naturalidade capaz de sequestrar o expectador, trazendo-o como um refém submisso para o imo da história. Os talentosos são imediatamente reconhecidos e separados dos medíocres, que não conseguem evitar o desprazer de se revelarem desconfortáveis com as mãos e as palavras, essas delatoras das coisas que dizemos sem convicção, soando sempre dolorosamente falsas.

Pois essas pessoas habilitadas a reconhecerem, instantaneamente, um cínico tentando vender uma ideia fajuta, também adoecem, e quando isto ocorre elas ativam todos os sensores, e assim, pilhadas, passam a ouvir o médico, a analisar frases e trejeitos em busca de mensagens que possam parecer falaciosas. E, se esbarrarem em alguma contradição, a relação estará comprometida. Muitas vezes, irreparavelmente.

A cultura da franqueza médica americana, muito turbinada pela frequência com que ocorrem demandas judiciais sob a alegação de que a família teria ficado melhor economicamente se o paciente soubesse de antemão o que o esperava, resultou na adoção de uma política questionável: a da verdade total, em que o médico, já tendo informado a família de toda a condição, não se dá ao trabalho de filtrar a informação desnecessária para o paciente, acarretando um sofrimento precipitado, atroz e inútil.

Naquela clínica americana de oncologia, a orientação era explícita: as doenças e seus desdobramentos são propriedade exclusiva do paciente, não cabendo ao médico interferir na gestão da desgraça individual. Nunca se discutia a possibilidade empática de se dispensar uma verdade cruel que fizesse apenas antecipar sofrimento sem nenhuma utilidade para o paciente, uma coisa assim, do tipo compaixão.

O seu Edmond Ryan era um velho plantador de milho em Minnesota, viúvo e solitário, que nunca soubemos se tinha filhos, porque, quando questionado, ele sempre mudava de assunto, deixando claro que ali havia uma grande mágoa estocada. Com um tumor agressivo de pleura, descoberto em fase avançada, estava certamente vivendo seus últimos poucos meses. Fomos vê-lo num final de tarde, e ele parecia mais animado com a ideia de ir para casa no dia seguinte. Quando o oncologista lhe entregou a receita, ele quis saber a utilidade de cada medicamento. Informado de que eram analgésicos, médios e fortes, ele argumentou: "Acho que não precisava tanto, doutor. Eu me considero uma rocha para dor!". E então o oncologista encerrou a discussão: "O senhor não subestime a dor da invasão das costelas, que é o que o senhor vai descobrir quando este tumor chegar lá!".
A bochecha do seu Edmond ainda tremia quando saímos do quarto. Desconfortável, questionei o professor dizendo que o Edmond provavelmente não dormiria naquela noite, mas ele foi lacônico: "Fazê-lo dormir é a função do benzodiazepínico, não minha!".

Na manhã seguinte, nevava lá fora, e, antes de entrar no bloco cirúrgico, fui me despedir daquele velhinho de cara fofa, que se anunciara uma rocha, antes de descobrir que as palavras desprovidas de afeto podem ser uma britadeira cruel. Tentei confortá-lo, mas o olho estava vazio. Quis então saber se havia alguma coisa que eu pudesse fazer para ajudá-lo. Ele tomou minhas duas mãos e se despediu: "Volte para o Brasil e seja feliz. Este lugar aqui é muito frio para você".

# A DISTÂNCIA ENTRE INTENÇÃO E GESTO

TEM GENTE QUE acha o máximo dizer que pertence a um movimento social, como se o escudo escolhesse o soldado. E se for para defender uma minoria, melhor ainda, e se essa minoria morar em outro continente, nossa! Aí então não tem limites para a grandeza da alma dessa geração de generosos afeitos às causas tão abrangentes que se dispersam, sem individualizar o alvo.

Esses vocacionados para a generosidade indefinida nunca provaram o encanto da gratidão que, como se sabe, não se encerra no discurso, vai além, e precisa do nome do ajudado, porque ao contrário do mal, que se espalha a mancheias, o bem tem dedos finos.

Depois de décadas de interação com pessoas tão pobres que carregam nos olhos lassos a tristeza de quem só finge que acredita, perdi definitivamente a paciência com a benemerência fajuta dos oportunistas, líderes de todos os protestos, mas alérgicos de morte a qualquer voluntariado. Uns tipos que defendem o sacerdócio na profissão dos outros, mas desligam a campainha nessa época em que os pedintes se multiplicam na fila dos famintos.

Outros, menos dispostos ao convívio com seres humanos miseráveis, malcheirosos muitos, carentes todos, se dedicam com devoção a salvar a natureza, e se dizem revigorados com a incomparável energia que recebem ao enlaçar uma árvore, sem nunca terem provado a intensidade carente do abraço de uma criança abandonada.

Entre os indiferentes e os virtuosos, circulam, com ar desentendido, os fanfarrões, que só doam presentes de Natal para o orfanato se puderem colocar o logotipo da empresa na cesta. Azar deles que as crianças nem sabem ler e só estão interessadas no tamanho da barra de chocolate.

Valter não é o seu nome, mas foi o que ele escolheu para seguir como impõe: um anônimo. Pois este Valter, descrente de milagres, só acredita em trabalho e, tendo ficado rico, quer ajudar, mas sempre com duas exigências: não revelar nem quanto nem quem doou. Depois ele volta para ver o resultado, alisa a parede nova, e mal contém a emoção ao admitir que "ficou bem bonito". E vai embora, fugindo da possibilidade que apareça alguém com um discurso de agradecimento.

Ele gosta do velho pátio central da Santa Casa, com seus arcos famosos e suas árvores centenárias. Despedimo-nos lá, na semana passada, com um abraço demorado. Ele seguiu, passo mais lento, pela avenida.

Um dia desses ainda vou abraçar a velha castanheira que nos dá sombra em todos os encontros, sem pedir nada em troca. Não quero que ela se sinta excluída, nem que me veja como um mal-agradecido.

# O AFETO ESTÁ
# NOS PEQUENOS DETALHES

MESMO OS ETERNAMENTE peregrinos, com alta rotatividade de aposentos ocasionais, aprendem a valorizar a funcionalidade dos ambientes e reconhecem que voltar para casa, ou encontrar um lugar que ao menos lembre o canto que cada um chama de seu, é com alguma frequência o melhor momento de uma viagem cheia de bons momentos.

Se isso é assim na saúde e felicidade, imagine-se o grau de dependência do afeto ambiental de quem se sente para baixo porque adoeceu. Os melhores hospitais do mundo historicamente se limitavam a albergar os pacientes em condições hoteleiras satisfatórias, a oferecer tecnologia de ponta para assegurar todas as facilidades diagnósticas e a garantir que nada faltasse da terapêutica determinada pelo corpo clínico-cirúrgico mais especializado.

Teoricamente, isso era a tudo o que se podia conceber para que a melhor medicina fosse oferecida aos seus privilegiados pacientes. Entretanto, como o nível de satisfação da clientela nunca se aproximava do pretendido, começaram os questionários em busca do hospital ideal, o que, como era de se esperar, abriu a porta aos queixosos.

Naquela altura, houve o claro entendimento de que antes de tratar as doenças das pessoas temos que cuidar das pessoas que adoeceram. E para essas criaturas, fragilizadas, um ambiente com luz natural, uma cor alegre nas paredes do quarto, a disponibilidade de um sistema de som que lhes permita ouvir as suas músicas, um terminal para uso do laptop ou a autorização para usar o celular na UTI significam muito mais do que a modernidade dos monitores ou os requintes técnicos do tomógrafo de última geração. E por quê? Porque uma coisa é o que existe, e outra, o que percebemos. Ou seja, a tecnologia pode tornar o hospital mais famoso, mas não diminui a solidão, e isto é o que sentimos.

As pequenas coisas, aquelas que nos dão prazer, representam um patrimônio pessoal que festejamos por conservar ou nos lamentamos por perder. A conexão com o mundo virtual servirá, ao menos, para preservar a sanidade emocional ameaçada pela perigosa junção de medo e solidão. Sentir-se vivo está diretamente condicionado a estar conectado ao mundo exterior, através de todos os instrumentos sensoriais.

A quebra dessas conexões amplia a distância entre a saúde e a doença e, no mínimo, retarda a recuperação. Quando perguntei ao Raul como tinha sido sua passagem por uma das melhores UTIs do mundo, onde lhe restauraram a vida depois de um procedimento de altíssimo risco, ele foi sucinto: "Não tinha wi-fi!".

Impressiona a variedade de exigências de quem está consumido pelo medo da morte, e, com todos os sensores ligados, nada lhes escapa da avaliação crítica, tudo é importante, indispensável e intransferível.

Quem não entende isso devia evitar a proximidade com pessoas doentes. Essas criaturas fazem exigências que os saudáveis impacientes consideram fúteis. Porque estes simplesmente não aprenderam ainda que, quando nos sentimos diminuídos pela doença, qualquer perda adicional, não importa o tamanho, parecerá insuportável.

# A VELHICE, EM NOVA VERSÃO

CONFIRMADAS AS PREVISÕES de que a cada três nascidos nesta década dois chegarão aos 120 anos, precisamos discutir algumas mudanças. Se teremos tanto tempo para curtir a velhice, podemos começar negociando um alongamento da infância, porque ela não poderá ser interrompida aos oito ou dez anos e representar menos de dez por cento do tempo vivido. Uns 25 anos já estaria bem, e claro, com a garantia que ninguém seria considerado abobado só porque brinca o dia inteiro e de barba cerrada ainda tem medo do escuro. Seriam consideradas apenas coisas da idade.

    Como as pessoas deverão seguir trabalhando até, imagino, uns cem anos, não haverá necessidade de começar muito cedo, porque não faltará tempo de serviço para a aposentadoria. Sendo assim, a escolha profissional poderá ser empurrada por umas duas décadas, sem ansiedade. E com tanto tempo pra escolher a profissão, é pouco provável que erremos o caminho e tornemo-nos um armazém de ressentimentos, essa tragédia tão comum nos tempos atuais. Além disso, se não der certo na primeira tentativa, teremos tempo para recomeçar, e quando finalmente acertarmos o que fazer com paixão, ganharemos passe livre para a conquista de crescimento, notoriedade, respeito e gratidão, esses antídotos perfeitos para intolerância, inveja, despeito e depreciação, essas miudezas que dão aos nossos desafetos (é certo que eles continuarão existindo) a ilusão de também estarem vivendo.

Mais tempo disponível reduzirá a pressa de chegar e a compulsão de fazer logo, e viveremos sem cobranças e sem remorsos. Bem adiante, talvez sejamos confrontados com algum sentimento de culpa, esse ingrediente que agora só incorporamos na maturidade, quando percebemos que poderíamos ter sido melhores, mas nos consolaremos com a justificativa de que não precisava ser tão difícil.

O que certamente nos pressionará para mantermos os prazos antigos será a biologia da mulher, pelo menos se ela exigir que a sua prole seja gerada por ela mesma. Porém é provável que só as antiquadas insistam nessa prática arcaica, porque com alguns óvulos congelados elas poderão dar a eles o destino que quiserem.

Tenho dificuldade de imaginar que com a chegada dos filhos vá ser muito diferente do que é atualmente. Talvez com menos ansiedade quando eles repetirem os mesmos erros que cometemos, porque haverá mais tempo para consertar, mas provavelmente ser pai continuará significando apenas estar ao alcance se alguma coisa der errado, e então assumir, sem reclamar, a condição de reserva técnica qualificada, cumprindo um daqueles itens escritos em letra miúda no contrato amoroso de quem se dispôs a espalhar genes pelo mundo.

Algumas coisas deverão sinalizar a chegada da velhice, protelada mas inevitável, como, por exemplo, a comissária de voo no aeroporto: "Atenção, passageiros, daremos início ao embarque dando atendimento preferencial aos portadores de dificuldade de locomoção, aos com mais de 110 anos, e àqueles que estão neste salão mas não têm certeza do destino".

E então, empilhados os invernos, chegará o momento da recapitulação, este inventário da vida que será como fizemos por merecer. E, sem aviso, do nada, num dia como outro qualquer, nos descobriremos velhos, mesmo que esse diagnóstico possa ser muito subjetivo, e cada um tenha lá o seu jeito de se sentir assim. Temo que o começo do fim se anunciará quando percebermos que não há mais tempo para mudar as coisas realmente importantes. O intervalo entre o dia dessa descoberta e a morte se chamará, como sempre, velhice. E não importa quantos anos tenhamos vivido. Só contará os que tenhamos por viver. E isso, para manter o mistério, nunca saberemos.

# ÉTICA – PRÊMIO E CASTIGO

DOIS VÍDEOS CIRCULARAM pela rede nas últimas semanas, e o contraste entre eles é tão ostensivo que ficou impossível não comentar, especialmente neste momento em que a autoestima dos brasileiros anda ao rés do chão e só não se espatifa porque, apesar de tudo e do trocadilho, todos reconhecem que só a minoria é patife.

Um deles é de 2003. Em um jogo entre a Dinamarca e o Irã, um atleta iraniano, quase no final do segundo tempo, confundiu um apito da torcida com o do juiz e segurou a bola com as mãos dentro da área. Apesar dos protestos, o juiz não teve outra alternativa senão marcar o pênalti para a Dinamarca, que a esta altura estava perdendo a partida por 1x0.

Com a torcida vibrando diante da perspectiva do empate, justo quando tudo parecia perdido, o jogador Morten Wieghorst, responsável pela cobrança, após consultar o treinador da Dinamarca, Mr. Olsen, caminhou lentamente e com um leve toque mandou a bola para a linha de fundo. A Dinamarca perdeu por 1x0, mas ganhou o mundo como um modelo ético, que quinze anos depois ainda emociona. A arquibancada aplaudindo freneticamente depois que entendeu o que ocorrera ajuda a explicar por que aquele pequeno grande país se orgulha de ter o menor índice de corrupção no mundo.

O outro vídeo mostra uma tarde ensolarada, e ao fundo se identificava a Praça do Comércio, um dos pontos turísticos mais famosos de Lisboa. De repente a câmera de vídeo passou a acompanhar um cidadão com sua barriguinha fora de controle, bermuda e camiseta branca pouco recomendável para o sobrepeso e um ar de turista descomprometido, que caminhava tranquilamente e depois acelerou o passo na tentativa vã de se livrar do cinegrafista inconveniente. Todos os brasileiros honestos, que não têm condições de se refestelar amiúde no generoso verão português, se sentiram representados quando o repórter improvisado iniciou um rosário de impropérios, dirigidos com fúria crescente a quem, feito surdo por total conveniência, tentava seguir seu passeio, definitivamente arruinado por um tipo indiscreto que brandia acusações graves, inclusive a de que ele próprio emigrara para Portugal porque o Brasil se tornara insuportável por culpa, veja só, daquele venerando senhor, que por alguma razão tem tido dificuldade de circular no seu país de origem, onde se alojam multidões de implicantes.

Nascerá um dia em que a sociedade culturalmente diferenciada não tolerará a prepotência boçal dos que não conseguiram ser respeitados nem mesmo por seus pares e, em vez de se comportarem como símbolos da justiça que representam, parecem se orgulhar da repulsa que provocam no povo humilde, que deviam proteger. Quando esse dia chegar, que a arquibancada se prepare para aplaudir, porque os vendilhões serão todos chutados para a linha de fundo. E não haverá segunda instância para socorrê-los.

# Mantenha sua gratidão atualizada

SEMPRE GOSTEI DE autobiografias, por várias razões. A primeira é que por elas os medíocres não se arriscam, o que, convenhamos, já é uma triagem promissora. Desde algum tempo, conversando com amigos de diferentes idades que tinham lido os mesmos livros, me dei conta de que, com a idade passando, a valorização das virtudes vai progressivamente se modificando. Dê a um jovem a biografia do Steve Jobs e ele concentrará o encanto no espírito aventureiro destemido e inovador deste grande ícone da modernidade líquida. Empreste-lhe *Viver para contar* e ele o devolverá no segundo dia, saturado do intimismo que seduz na literatura de Gabriel García Márquez.

E por que é assim? Porque nós mudamos nossos gostos em relação ao que pensávamos na juventude (nem discuto se regredimos ou sofisticamos, mas nunca assumiria que sofisticamos, porque quero que os jovens leiam a crônica até o fim), e se registrarmos o que pensávamos na juventude nem nos reconheceremos na maturidade.

Outra diferença óbvia é a tendência que o biografado idoso tem de ser agradecido, como se a idade corroesse as amarras da soberba, liberando a doçura do reconhecimento.

Essa necessidade de admitir gratidão transborda das biografias e derrama nos discursos de agradecimento dos velhinhos homenageados que, tendo ultrapassado a preocupação limitadora de serem populares, seduzem pela espontaneidade.

Quando recentemente sentei para rascunhar o discurso de agradecimento a uma homenagem que recebi de uma sociedade de cirurgia torácica, percebi o quanto e a quanta gente teria que agradecer, convencido de que ninguém passa pela vida sem que em algum momento alguém tenha sido decisivo ao estender-lhe a mão.

Escolhi um mestre da cirurgia para representar a legião dos indispensáveis:

"Nunca vou esquecer, e todo inverno essa lembrança me machuca, da madrugada de 18 de agosto de 1977, quando entrei no quarto 201 do velho Pavilhão Pereira Filho e por um instante um sorriso encheu o rosto arfante e sudorético do Mestre Ivan Faria Correa, que, ao me ver, anunciou: 'Que bom que você chegou a tempo, agora eu não morro mais!'. A extensão do infarto era maior do que a esperança, e quando amanheceu eu já tinha chorado tanto que não conseguia mais engolir a saliva, com a dor física da perda.

"Uma pena ter perdido meu primeiro Mestre, justo quando ele confiava que eu seria capaz de evitar. Anos depois, entendi que a maior dor fora a extemporaneidade da morte ter-me roubado a chance de dizer o quanto eu lhe era grato pelo jeito paternal com que me ensinou e protegeu."

# Também se morre
# do medo de morrer

As coisas que fariam diferença na vida do Adolpho, um velho mecânico aposentado, foram negligenciadas na hora em que deviam ter sido reconhecidas e, agora, eram irresgatáveis.

Pensava no quanto os filhos podiam ter sido melhores se tivesse zelado mais durante o crescimento deles, mas elegera outras prioridades, e só agora tinha que admitir que foram equivocadas.

Às vezes, durante madrugadas insones, pensava neles como carros que podiam ter sido concebidos de outra forma, e que ele só tinha se preocupado em asfaltar as estradas que em algum momento do futuro percorreriam. Acabava voltando a dormir, torturado pela consciência de que seus projetos nunca vingaram. Quando a mulher morreu, ele se livrou do sentimento de culpa que carregava havia uns vinte anos, de não lhe ter contado nenhuma das suas angústias. Durante um tempo imaginou que isso significaria poupá-la de um sofrimento inútil. Mais adiante, percebera que essa introspecção que o martirizava poderia ser diluída se compartilhada com alguém, mas justo aí ela tinha adoecido, e então blindá-la do desagradável que não poderia mudar lhe parecera a escolha mais justa.

Agora, estava velho e solitário. Os filhos, com quem se preocupara tanto, estavam vivendo a vida deles, com autonomia. Tinham encontrado caminhos originais, exercendo profissões que ele nem sabia que existiam. Ninguém ficaria rico, mas, para a sua completa surpresa, nenhum deles estava preocupado com isso.

Com 88 anos, foi encaminhado para consultar comigo por causa de um inocente nódulo pulmonar calcificado. Ao lhe desejar boa sorte, porque com aqueles achados podia ficar tranquilo e nem haveria necessidade de outros exames, percebi a frustração escancarada na pergunta seguinte: "Mas então o doutor que me recomendaram não precisa me ver nunca mais?".

Carências sincronizadas, ficamos amigos, e essas revelações fizeram parte de confissões fragmentadas, que se iniciaram na segunda consulta. Um tempo depois, ele voltou ao consultório. Tinha emagrecido, o colesterol e os triglicerídeos tinham normalizado e o diabete finalmente estava sob controle. Tentei animá-lo elogiando o trabalho dos outros colegas que cuidavam dele e insisti que, caminhando mais ereto, ele parecia ter remoçado. Não adiantou. O olhar seguia triste. Então resolvi perguntar o que ele contaria para o seu melhor amigo, que talvez o ajudasse a controlar a depressão. Sem falar, ele estendeu-me a terceira folha de uma longa receita, a que continha as proibições.

Foi sucinto: "Não sei como eles descobriram, mas tudo o que eu gosto neste final de vida está nesta lista!". Desiludido e abandonado, sem outras motivações, pensei nele como um mendigo da felicidade, aquela que, os sábios sabem, só viceja entre as coisas mais simples, e resolvi propor-lhe uma heresia médica: "Vamos fazer o seguinte: um dia, mas só um dia por semana, o senhor vai fazer as coisas que lhe disseram que fazem mal". O brilho que iluminou a cara redonda de bochechas vermelhas tinha a rara cumplicidade que identifica amigos instantâneos. Esses que não podem permitir que seus queridos morram do estúpido medo de morrer. Da porta, sempre sorrindo, ele fez a pergunta mais provocativa: "E o tal dia da semana, quem escolhe sou eu, não é, doutor?".

# Tão diferente e tão igual

QUEM JÁ CIRCULOU pelo mundo dirá que, na China, tudo é diferente. Transformada em república socialista em 1949, cumpria à risca a recomendação da equiparação social do comunismo, onde não faz sentido alguém se queixar de qualquer coisa porque, nivelados na miséria, todos têm as mesmas queixas. Acorrentada na burocracia oligofrênica do Estado e arrastando mais de um bilhão de sobreviventes, a China chegou aos anos 1980 com 53 por cento de miseráveis. E, então, alguém cansou do fogão à lenha e acendeu o gás. Vinte anos depois o índice de pobreza tinha baixado para oito por cento, e o gigante despertara não apenas para causar admiração, mas para assumir protagonismo: maior exportador do mundo, terceiro maior importador, maior exército, segundo maior orçamento militar. Ninguém mais duvida: nas próximas duas décadas a China vai se tornar a maior economia do planeta e ninguém se dirá surpreso, porque toda a incredulidade meio debochada de vinte anos atrás foi substituída por incontida admiração.

Conheci Guangzhou, terceira maior cidade e uma linda metrópole ao sul da China, onde tudo funciona bem e, apesar do tamanho (é maior do que São Paulo), parece uma cidade de banho recém-tomado, com uma arquitetura invejável e a pujança de quem descobriu que quem trabalha muito merece viver melhor. Quando perguntei a um cirurgião chinês o quanto a dificuldade do idioma atrapalhava nas relações com o resto do mundo, ele debochou: "Isso está melhorando desde que descobrimos que mais fácil do que dominarmos o inglês era enriquecermos, porque a partir daí o mundo começaria a estudar mandarim". Depois ficou sério outra vez: "Há dez anos meus filhos devoravam o inglês, dia e noite, para conseguirem acesso às universidades americanas. Agora, no colégio onde um dos meus netos estuda, em Michigan, o mandarim é obrigatório!".

O certo é que a corrente migratória está se invertendo. Há dez anos, ninguém pensaria em trazer para um simpósio na China os maiores cirurgiões do planeta. Hoje, quem não foi convidado ficou roendo as unhas. Circulando por lá, o que impressiona mais do que a exuberância da cidade é a atitude do povo. Sempre sorridente e solícito, o chinês contrasta com aquela cara indecifrável do Mao que, meio *à Mona Lisa*, ilustra todas as cédulas de yuan. O chinês do povo, esse quer ser simpático e fica mortificado se não consegue atender a um pedido qualquer porque não entendeu o que era. Pedi uma informação na rua a um bando de jovens, e a minha pergunta causou um alvoroço pela falta de solução, até que um deles, com ar de absoluta superioridade, de celular em punho, pediu que eu repetisse a frase. Quando o aplicativo traduziu para o mandarim o que eu tinha dito, houve uma ovação: agora, sim, a ajuda era possível, e isso era tudo o que importava.

Num dia ensolarado, caminhando com meu amigo cirurgião, chegamos a um pequeno parque, onde um grupo de jovens recolhia as folhas que ficavam ondulando antes de pousarem no gramado muito verde. Como nenhum deles tinha idade nem roupas de gari, perguntei quem eram os voluntários. "Este parque está rodeado de escolas, eu estudei ali, e cada dia da semana um dos colégios tem a responsabilidade de manter o parque limpo!" O orgulho sorridente daquela garotada prenunciava adultos do bem.

Mais adiante, deitada no gramado na sombra de uma árvore, uma menina de uns cinco anos tirara a sandália, e uma senhorinha, muito encurvada, lhe massageava o pé direito.

De repente, no meio de tantas diferenças, eu tinha encontrado uma figura universal inconfundível: uma avó!

# O RESPEITO AO RITUAL

PORQUE AS COISAS importantes exigem um mínimo de ritual é que nos constrangemos tanto com bagunças em algumas formaturas universitárias ou ataques de riso em velórios.

Desde sempre se sabe que os momentos realmente importantes das nossas vidas, e são poucos, precisam ser marcados pela solenidade, para que se justifique a importância que pretendemos que tenham no imaginário de terceiros, pois nos nossos corações já os sabemos definitivos.

Coerente com isso, os registros fotográficos da vida dão realce ao nascimento, à graduação, à prole, à mudança de escalas do poder, ao matrimônio, ou à morte. Afora esses instantes inesquecíveis, em que o formalismo é tão previsível que se torna espontâneo, existem outros em que o respeito ou não ao ritual pode agigantar ou encolher o que fazemos. Com a possibilidade de compras virtuais, em que ninguém vê a cara de ninguém, desapareceu o ritual do comércio antigo, em que os velhos comerciantes se sentiam ofendidos se o comprador fosse direto ao assunto, atropelando a cordialidade que permeava as relações entre duas pessoas que antes de serem mercadores eram seres civilizados.

Os funcionários das grandes lojas ainda tentam resgatar esse formalismo antigo que inspira cordialidade e sistematicamente perguntam o nome do cliente, o que em geral serve para chacoalhar o freguês que, sempre apressado, tende a dispensar o *boa-tarde!*, imagina o *como vai?* Os médicos da modernidade, encantados com a riqueza de informações asseguradas pelas técnicas contemporâneas de imagem, foram progressivamente abandonando o exame físico, convencidos que não há nada que inspeção, palpação, percussão e ausculta possam detectar que a tomografia de última geração já não tenha informado, e com superioridade. Além de essa convicção ser mais pretensiosa do que verdadeira, ignora-se que o exame físico, reconhecido como um ritual, representa uma das maiores oportunidades de aproximação, tanto material quanto afetiva, entre duas pessoas reunidas pela aleatoriedade de uma doença, que vitimando uma, encaminhou-a ao socorro da outra.

Abraham Verghese, um infectologista e professor na Universidade de Stanford, relata uma experiência comovente que teve atendendo vítimas terminais da AIDS. Durante uma manhã, percorrendo a grande enfermaria de doenças infecciosas, visitou um paciente que, semicomatoso, deveria morrer naquele dia. Após verificar o quanto a pressão estava baixa e o pulso quase impalpável, encerrou o exame e se preparava para sair, quando percebeu que o moribundo despertara e, num movimento meio desordenado de mãos trêmulas, tratava de abrir os botões do pijama e lhe oferecia o peito magérrimo para que ele auscultasse. Como a dizer que não importava que aquela fosse a última vez: o ritual que os aproximara durante tantas semanas tinha que ser cumprido. E, naquele momento, serviria ao menos para anunciar que ambos, médico e paciente, estavam, ainda que temporariamente, equiparados na maravilha de continuarem vivos. Só isso já garantiria ao ritual ares de comemoração. Não cumpri-lo seria uma desnecessária antecipação da morte, que virá quando tiver que vir. Antes, não.

# DE MÃOS ESTENDIDAS

PASSADA A PERPLEXIDADE de descobrir-se doente, a reação diante da nova realidade, sempre angustiante, é completamente individual. Como cada paciente tem a sua maneira própria de sofrer, é natural que cada um, do seu jeito, e com suas reservas emocionais, encontre uma fórmula que o mantenha apto à sobrevivência mais digna que consiga.

Alguns, tidos como rochedos de coragem e galhardia, desmoronam contra todos os prognósticos e, sem terem noção do dano que se impõem, liberam as pontes que introduzirão os fantasmas do medo ao que devia ser o castelo inexpugnável da resistência imunológica. Aliás, quando se defende o valor da espiritualidade no enfrentamento da doença, cientificamente não se está falando do papel terapêutico da fé, mas do efeito dela na preservação da tal imunidade. Não por acaso, na depressão de qualquer origem, é comum o surgimento de infecções virais que expressam debacle imunológica. A frequência com que viroses, como herpes, por exemplo, acometem indivíduos em situação de luto, perda de emprego ou traição afetiva é uma prova inequívoca disso.

Outros, com uma força invejável, assumem o comando com disciplina de gestor e, habituados à administração de crises, tomam para si a responsabilidade de gerir a própria vida como a sua empresa mais valiosa, e em nenhum momento deixam transparecer ansiedade ou temor, ainda que, humanos que são, estejam morrendo disso. Conhecendo-os melhor, descobriremos que não importa o tamanho do medo, ele será reprimido simplesmente porque ninguém tem nada com isso.

Sempre gostei muito do Cézar Busatto, ele era especial, e que grande cara! Tempos atrás, o recebi no consultório e fiquei surpreso, porque ao lhe perguntar no que poderia ajudá-lo, ele anunciou: "Há uma semana, descobri que tenho um câncer de próstata". Antes que lhe dissesse da minha surpresa, ele completou: "Sei que esta não é a sua área oncológica, e já consultei um urologista que me deixou muito tranquilo em relação ao tratamento. Marquei esta consulta porque gosto do seu jeito de ser médico, e queria que me estendesse a mão, porque estou precisando muito de alguém com quem eu possa falar sobre *estar doente!*".

As perguntas que se seguiram eram o reflexo de muitas noites de vigília, insone e silenciosa: "O quanto é justo compartilhar a angústia com a família? Guardar uma dor em segredo é desconsiderar os amigos? Do que as pessoas precisam como suporte para enfrentar uma doença que pode ser fatal? Quanto tempo um portador de câncer que foi operado precisa para saber que se curou ou não? É possível um dia parar de pensar nisso e tocar a vida como antes?".

Conversamos durante quase duas horas. De vez em quando, ele limpava e recolocava os óculos, como se precisasse *ver* melhor as respostas.

Na saída ele parecia mais leve, e anunciou que proximamente convidaria a mim e ao Nélio Tombini, um querido de ambos, para um jantar, que devia significar o desdobramento daquela conversa.

Não tenho certeza do quanto, de fato, o ajudei, mas reconheço que aprendi muito naquela interação com uma cabeça inteligente e extremamente sensível, capaz de se abrir ao debate das necessidades essenciais do ser humano no seu limite: a luta pela sobrevivência. E com que dignidade.

# Uma linguagem universal

CADA PROFISSÃO TEM um linguajar próprio, e dentro de algumas profissões até há facções com termos tão peculiares que os não especialistas se atrapalham. Leiam um relatório psiquiátrico de encaminhamento de um paciente cirúrgico e descobrirão do que estou falando.

Um dia, atendendo um velho e brilhante desembargador com um tumor avançado, ouvi dele a queixa de que nós médicos nos comunicamos com vocabulário exclusivo, como se pertencêssemos a uma casta tão especial que não se permite usar uma linguagem mais popular. Argumentei que todas as áreas técnicas têm seus termos específicos, mas que, obviamente, esse linguajar diferenciado não poderia ser usado nas relações com os pacientes, porque além de afetada seria inútil como veículo de comunicação. Acrescentei que eu me esforçava por me fazer entender e ficava sempre perscrutando o olho do paciente na busca de sinais objetivos de entendimento. Mais do que isto, eu ensino aos alunos e residentes que sempre que o paciente não entender o recado é culpa exclusiva do médico, que não fora capaz de decodificar sua linguagem.

O que me pareceu injusto e merecia uma resposta foi o fato de a queixa ter vindo de um advogado. Respondi que de qualquer outra profissão eu aceitaria a crítica com mais naturalidade, mas não dessa categoria de incomunicáveis, que são capazes de frases inteiras usando palavras desconhecidas, ou pior, empregando palavras reconhecíveis, mas com significado diferente ou oposto. Ele riu debochado, coçou a barba branca com a serenidade dos sábios e disse: "Pois, meu doutor, vou lhe contar uma história que deve ficar como um segredo entre nós porque reforça sua opinião, mesmo que ela não precise de nenhum reforço, até porque a única frase que me encantaria ouvir, a de que a lesão era benigna, o senhor não foi capaz de dizer. Pois bem, quando jovem, trabalhei durante alguns anos numa cidade do interior. Numa tarde da primeira semana, entrou no meu escritório uma agricultora humilde, com um envelope pardo embaixo do braço, e ao perguntar-lhe em que poderia ajudá-la, ela resumiu: 'Meu marido é mental, aqui está a prova da mentalidade dele (e entregou-me o tal envelope), eu sou o homem da casa, e eles querem tomar o meu fogão!'. Com a facilidade de indignação que todos os jovens têm, assumi o caso e prometi que no fim de semana redigiria um arrazoado para levarmos ao juiz e que aquele absurdo seria revertido. No final do domingo revisei orgulhoso o documento datilografado em 23 laudas caprichadas. Quando resolvi dar mais uma lida no processo me dei conta de que aquela redação prolixa e afetada não acrescentara nada àquelas quatro frases: marido mental, aqui a prova da mentalidade dele, sou o homem da casa e eles querem tomar meu fogão. O curioso é que precisei da sua contestação para finalmente fazer uma catarse desse sentimento que, passados 48 anos, ainda guardava como um segredo meu. Agora que já me confessei, vê se aumenta a dose do analgésico, porque senti uma dor excruciante na noite passada!".

Havia comiseração e algum remorso quando aumentei a prescrição de morfina. Nada mais constrangedor para a medicina moderna do que essa queixa num hospital, sendo a dor, como é, a linguagem universal mais atroz.

# Viver é encher o calendário de aniversários

Nossa vida deveria ser avaliada pelo número de vezes que geramos fatos inesquecíveis. E nem importa se foram coisas maravilhosas que lembramos com encanto, ou dessas que esqueceríamos se pudéssemos. Viver, de verdade, é encher o calendário de aniversários.

Cinco de setembro de 1971, era um domingo. Aproveitei uma folga na residência médica e fui passar o fim de semana em Vacaria. Naquele dia, estava programado o desfile antecipado, comemorativo aos 149 anos da Independência do Brasil. Numa cidade pequena, a *parada do Sete de Setembro* sempre foi um acontecimento. Os colegiais desfilando orgulhosos com o uniforme colorido de suas escolas, e as bandas enchendo as ruas daquela alegria esfuziante que o tempo, displicente e preguiçoso, só tem feito dissipar.

O desfile passava pela avenida principal, que fazia esquina com a rua da casa do meu avô. Fui até lá com a certeza de que o encontraria, o que pra mim era uma dessas festas em que o afago dispensava a banda.

Com a família empenhada em buscar o melhor ângulo para assistir ao desfile que já rufava ao longe, descobri, frustrado, que meu vozinho não estava. Com a alegação de uma indisposição, ficara em casa. Decidi que a festa do ano seguinte, sesquicentenário e tal, deveria ser ainda mais bonita, de modo que perder a daquele ano, para afofar meu avô, justificava a minha saída sorrateira.

Desci a rua e encontrei-o na poltrona preferida, com olhos recém-chorados. Assustado, lembrei que um dia ao comentar, debochado, que ele era um chorão que chorava por qualquer coisa, ele me repreendeu dizendo: "Nada disso, eu só choro por coisas importantes, e não sou culpado da quantidade de coisas importantes que têm ocorrido na minha vida!".

Com cuidado quis saber, então, o que tinha acontecido *daquela vez*.

"O Brasilino era um ano mais velho e o meu irmão mais querido. Não lembro de que tenhamos discutido uma única vez na vida. Foi meu melhor parceiro e compartilhamos muitas coisas. Foi assim que, juntos, compramos a primeira terra, ali no Passo do Carro, e quando nos preparávamos para cercá-la, decidimos que cada um começaria numa extremidade depois de percebermos que, se trabalhássemos no mesmo ritmo, nos encontraríamos no meio da colina, que seria o ponto ideal para se colocar a porteira de entrada da fazendola. Num 5 de setembro, como hoje, cinquenta anos atrás, a cerca tinha ficado pronta, e termináramos de instalar o portão que marcava o meio do caminho e o fim do nosso desafio. Quando passei a tranca, vi o Brasilino de braços abertos, e nos abraçamos, e choramos o choro que mais gosto de lembrar, dos muitos que chorei, antes e depois daquele dia. Agora, meio século passou, o Brás já não está mais aqui, eu sinto muito a falta dele, e acabei recapitulando aquele choro. Achei que Dom Pedro perdoaria a minha ausência na avenida se soubesse desta história."

Ficamos um longo tempo de mãos dadas, em silêncio, até que a família voltou pra casa trazendo o alarido do fim de festa. Desde então, o 5 de setembro passou a integrar o meu calendário de afeto, quando homenageio meu avô e a sua saudade de um choro tão bom que ainda continuava vivo, cinquenta anos depois de ter sido chorado.

# NA MORTE NÃO SE IMPROVISA

As CIRCUNSTÂNCIAS EM que convivemos com alguém interferem diretamente na possibilidade de conhecê-lo profundamente ou seguir sendo um desconhecido completo. Na saúde plena podemos ser inexpugnáveis e seguir como estranhos pela vida afora. Coloque uma doença na relação e a couraça se romperá numa velocidade proporcional ao medo que essa enfermidade provoca na sua vítima. O processo será violentamente acelerado se houver o risco real ou imaginário de morte. Quando esse medo se materializa, há uma verdadeira convulsão familiar, sacudida por uma mistura imponderável de revolta, angústia, culpa e remorso. A percepção sempre traumática de amores não confessados, de afetos negligenciados ou de gratidão omitida explica porque alguém, muitas vezes subvalorizado no contexto de uma família considerada normal, ao adoecer se transforma em catalizador das reações emocionais mais imprevisíveis, a demonstrar que ninguém adoece sozinho e que o efeito que essa situação desencadeia é revelador de como se viveu até então, porque ninguém vive de um jeito e morre de outro.

Recebi o Cezar para avaliar um quadro de aparente disseminação pulmonar de um câncer, de primário ignorado. A biópsia de um dos nódulos mostrou tratar-se de metástase de um tumor neuroendócrino indiferenciado, de origem em aparelho digestivo. Naquela época a quimioterapia, com sua agressividade inespecífica, recém começava a ser confrontada com a imunoterapia, indicada para pacientes portadores de determinadas mutações, e que revolucionou o tratamento oncológico com o surgimento de drogas novas, capazes de "ensinar" as células de defesa do organismo a reconhecerem as células cancerosas como estranhas e a combatê-las com resultados impressionantes. Perfeitamente enquadrado no protocolo, o Cezar teve alta cheio de esperança, com um imenso alívio da ansiedade de todos. Passados quatro anos, recebi dele uma carta, com a delicadeza de ter sido escrita à mão e com uma letra de quem teve o privilégio de ter sido educado numa época em que a caligrafia era indicativo de sofisticação:

"Meu querido doutor, desejei muito que esta carta nunca tivesse chegado às tuas mãos. Como isso está acontecendo, é porque os meus temores se confirmaram. Mas, apesar do pior desfecho, a minha intenção é só de agradecer. Desde aquela internação, vivi pelo menos três anos e meio muito bons. Organizei minha vida, viajei com meus filhos, fui a Praga duas vezes, e até houve várias noites em que dormi sem pensar na minha doença, que me deixou crer que tinha sumido. O mais importante desse tempo conquistado foi a minha chance de reconciliação com a minha família, com Deus, e muito comigo mesmo. Há seis meses senti uma tontura depois de um jantar em que tinha tomado meu sauvignon blanc preferido e atribuí a ele aquele sintoma. Na noite seguinte, tudo se repetiu com água mineral, fui deitar mais cedo e não consegui dormir. O medo, que eu até esquecera, estava de volta. Bem cedo da manhã já fiquei sabendo de uma metástase cerebral, as drogas foram substituídas, e iniciei radioterapia do crânio. Estou escrevendo esta carta no último dia do novo tratamento e disse aos meus médicos que não estou bem, mas desisti de explicar que estou sentindo minha vida saindo de mim porque percebi que eles já estão sabendo: nenhum dos dois me encarou. Obrigado pelo encaminhamento para profissionais tão competentes e carinhosos. Eles são ótimos. Mas muito mais obrigado por teres sentado na minha cama, quatro anos atrás, e, com os laudos na mão, teres dito a frase que eu precisava ouvir naquele sábado do maior pavor da minha vida: '*Tenho uma boa notícia pra ti. Se estás pensando em morrer, prepara-te para uma grande decepção, porque não vais conseguir!*'. Uma pena que aquela profecia tivesse prazo de validade, mas esse tempo extra me permitiu planejar minha despedida. Ao portador desta carta pedi que te contasse que eu morri em paz."

# A FADIGA DO SOFRIMENTO

Os médicos sempre se trataram tratando os pacientes. Por isso a atitude médica é tão energizada pela perspectiva ou afirmação de sucesso no manejo de uma situação complexa. Por outro lado, é frequente que, diante da evidência de fracasso, o paciente se sinta "rejeitado" pela mesma equipe que, tempos atrás, o tratou com tanta empolgação e carinho quando o desfecho parecia promissor. Sem perceber o absurdo de tratar de maneira diferente o mesmo paciente em situações diversas, é comum a queixa de: "Me trataram muito mal desta vez. Será que eu fiz alguma coisa errada?". Alguns pacientes mais perspicazes ou experientes, além de perceberem a diferença, intuem que a mudança de humor do médico não é uma coisa boa.

Dona Maria Emília voltara ao hospital depois de dezoito meses de uma cirurgia por um tumor em estágio I. Tinha sido dito a ela que a chance de cura era em torno de noventa por cento e que não tinha necessidade de nenhum tratamento complementar.

Fui visitá-la algumas horas depois da reinternação, quando já tinha feito os exames de imagem. "Doutor, me diga logo o que deu errado!" Quando quis saber de onde tirara aquela notícia, ela foi definitiva: "Da experiência, doutor. A cara de médico frustrado é inconfundível". Nunca me foi tão difícil explicar a alguém que, por uma dessas ironias do destino, ela fazia parte do pequeno grupo dos dez por cento.

Maturidade profissional, nessa situação, é encontrar o equilíbrio entre sentir-se bem quando tudo dá certo, mas, principalmente, conviver com a amargura quando tudo dá errado, sem perder a noção de que o trabalho do médico vai além do quanto ele próprio se sinta pressionado ou aliviado pelo fracasso ou sucesso.

Um grande temor dos pacientes é a possibilidade de que o diagnóstico de uma doença grave signifique solidão e abandono. Esse temor explica bem por que os pacientes ficam tão aliviados quando se dão conta de que na atitude do médico há uma promessa de parceria.

A crença mais antiga e tola é de que o médico precisa enrijecer para suportar o convívio com o sofrimento alheio, sem ser atropelado por ele. Uma grande bobagem, porque os tais rígidos, sem o afeto essencial, não têm nenhuma utilidade e, frequentemente, ainda adoecem com a decepção indisfarçável de se sentirem imprestáveis.

A fadiga por compaixão tem sido considerada a principal ameaça à sanidade mental dos profissionais de saúde. Trata-se de uma síndrome que causa exaustão física e emocional em decorrência do custo de lidar com empatia com o sofrimento alheio.

A crescente necessidade de especialistas em cuidados paliativos tornou evidente que essa atividade desafiadora, sensível e gratificante exige, antes de mais nada, um profissional bem resolvido emocionalmente, capaz de dialogar com um paciente terminal e de ter a sensibilidade de entender que ele só suporta falar do passado porque, mesmo que ninguém lhe tenha dito, ele já percebeu que não tem futuro.

Nessa tarefa, a principal exigência do médico é ser capaz de oferecer afeto, ouvir, reconciliar, favorecer a confissão de amores reprimidos e estimular o perdão, sem jamais, mas jamais, deixar aparente o quanto a frustração pode doer no peito de quem queria tanto ajudar.

# A PEQUENA GRANDE
# PARTE DE CADA UM

QUE O MUNDO foi se tornando progressivamente um lugar perigoso pra se viver, todo o mundo já aprendeu. Daí para a prática de colocar no outro a culpa do que está errado foi um passo covarde, mas previsível. Nós temos tanta dificuldade de assumir que somos ao menos corresponsáveis pela desdita, que excluímos desde logo a culpa por omissão, ainda que esta seja, do ponto de vista social, a mais frequente de todas as culpas.

E então, garantida a distância protetora da possibilidade de remorso, estávamos equipados para criticar os responsáveis, esses cretinos que destruíram a vida boa que tínhamos e que seria ainda melhor se incrementada com alguns modelos sonhados enquanto nos refestelávamos na rede da inércia.

As sucessivas desilusões produziram uma geração de desencantados que até há poucos anos se queixava da ausência de ressonância para os seus resmungos e da tristeza de queixas ressentidas não ultrapassarem o quintal da nossa insignificância. A carência, que nem imaginávamos como resolver, era a falta de instrumentos para reverberar a nossa indignação, que era enorme por ter ficado represada desde sempre.

E então chegaram as redes sociais com a carinha de inocentes facilitadores da comunicação e de moderna terapia para a solidão, por esta época já reconhecida como a doença da modernidade. Do seu jeito, cada um foi aprendendo a usufruir daquela maravilha de poder se expressar livremente. Ninguém tinha pensado naquilo como um ovo de serpente, o que só ficou evidente quando os mentecaptos começaram a postar o que bem entendessem.

Não havendo relação interpessoal, como em qualquer sociedade civilizada, nem um mínimo de respeito, todas as opiniões divergentes passaram a representar afrontas pessoais à honra e se tornaram merecedoras da mais contundente retaliação.

A escalada de loucura estava só começando quando se aproximaram as eleições em um país completamente dividido por uma ideologia sórdida, que anuncia a possibilidade utópica de fraternidade, mas, sem inteligência pra ser original, repete os métodos grotescos que destruíram todas as sociedades que tiveram o dissabor de experimentá-las desde há exatos cem anos, sem nenhuma exceção.

A criatividade do absurdo parecia ter chegado ao limite quando entraram em cena as fake news, essa prática abjeta de vender mentiras, e os dois lados têm se esmerado em produzir uma sequência de pérolas de desrespeito aos cérebros minimamente inteligentes, porque simplesmente apostaram que a maioria do povo é inocente e, claro, descerebrado.

Com a riqueza criativa do computador, o país tem sido inundado de imagens falsas com discursos verdadeiros e vice-versa, e ninguém é responsabilizável porque afinal parece que nos deformamos depois de uma década e meia de mentiras deslavadas.

Pois com esse clima de discórdia e intolerância chegamos ao dia das eleições. Ou seja, o dia de decidirmos o quanto vale acreditar no que acreditamos.

Quando estiver caminhando em direção à urna, acredite que indignados estamos todos, mas escolha o jeito certo de protestar. E, apesar da vontade que dá, lembre-se que votar em branco é apenas expressar a ideia insignificante que tem de você mesmo. Seus filhos merecem mais do que isso.

# Os filhos nunca crescem

A FASE MAIS tranquila da vida de uma família é aquela em que todos vão para a cama ao mesmo tempo, e alguém bem que podia ter-nos advertido disso para que festejássemos enquanto era possível.

Nunca valorizamos essa fase maravilhosa, até a noite da primeira festinha em que fingimos dormir, mas não passamos de cochilos sobressaltados até que, graças a Deus, chega a hora de buscar a cria e finalmente começar o repouso, justo quando não havia mais noite para repousar.

Nessa fase, resmungamos sem suspeitar do muito pior que está a caminho: o interminável tempo em que a prole está tão "madura" que volta por conta própria, e a tortura mais dilacerante é despertar-se a cada quinze minutos para descobrir que ainda há luz embaixo da porta. E que quando ela por fim se apaga, o nosso quarto já parece mais claro, iluminado pela claridade boêmia do fim da madrugada.

Uma revelação pouco assumida nessa fase da vida é a descoberta, numa noitada qualquer, de que não há nenhuma razão para supormos que o zelo pelos nossos filhos seja original, e que na verdade não fazemos mais do que repetir a angústia que nossos pais viveram por nós enquanto nos sentíamos independentes e donos absolutos do nosso brilhante destino. Só isso já justificaria um telefonema aos nossos velhinhos para agradecer, mesmo que eles, como nós, nunca tenham feito o que fizeram esperando retribuição.

Sempre me impressionou perceber o quanto esse sentimento de proteção não tem idade nem limite, de modo a seguirmos pela vida pensando nos nossos filhos do mesmo jeito protecionista daquela fase abençoada em que só a gente tinha a chave da porta. Talvez porque, no nosso coração, as crias nunca cresçam.

Dona Marilu fora operada havia uns vinte anos. Seguia em acompanhamento até muito depois de findo o protocolo de câncer de pulmão e vinha com frequência simplesmente para conferir "se o bem que estou me sentindo não é falso!". Uma fofa.

Uma tarde ligou para dizer que estava preocupada com uma de suas filhas e pediu que tratasse de encaixá-la para consulta o mais rápido que eu pudesse. Havia aflição verdadeira naquela voz. No dia seguinte, entraram no consultório mãe e filha, ambas com cara de saúde plena. Dona Marilu resumiu: "Esta é a minha menina do meio. Ela não está nada bem. Como eu só confio no senhor, sei que ela precisa muito lhe ouvir!".

Nunca me senti tão vulnerável ao iniciar uma consulta. Difícil lidar com o risinho debochado da "menina do meio", que na calma madura dos seus 68 anos estava visivelmente interessada em destruir o ídolo de mamãe. Em nome da sobrevivência, a única solução que me ocorreu foi inverter a abordagem clássica:

"Por que sua mãe acha que eu posso ajudá-la, se nós dois estamos completamente convencidos de que não há nada que eu possa fazer?"

A gargalhada que se seguiu foi o jeito daquela mulher inteligente reconhecer que eu tinha superado a emergência. E tem gente que acha monótona a atividade em consultório!

## Sentir-se médico

Há muitos anos tenho me preocupado em estabelecer estratégias que funcionem como balizador da atitude médica, não através de protocolos frios, mas servindo-me do árbitro mais comprometido com esta avaliação: o próprio paciente. De tanto perguntar o que tinha sido inesquecível da experiência hospitalar, muito aprendi a identificar a enorme distância entre o sentimento do paciente vivendo seu inferno astral e o médico amortecido por sua rotina dessensibilizante. Nos últimos anos, as melhores escolas têm insistido na valorização dos padrões de qualidade do trabalho médico, muito em função do crescimento exponencial das reclamações, cada vez mais expressas como demandas judiciais. Nós ainda não sabíamos bem se o jeito moderno de ser médico agradava ou incomodava os pacientes, porque os bancos de dados, em geral, não estavam interessados no que eles sentiam. Na verdade, estávamos ignorando solenemente a única opinião realmente importante de toda a cadeia.

Uma pesquisa em um hospital universitário identificou como principais queixas dos pacientes a incapacidade de ouvir, pressa em encerrar o atendimento, desconsideração com o tempo de espera, e a falta de vínculo pela alta rotatividade dos "médicos". A pesquisa começou com alunos a partir do terceiro ano da graduação e se estendeu até o final da residência médica. A aferição do rendimento do estudante, fugindo do convencional, não contabilizava o desempenho acadêmico, mas simplesmente as notas atribuídas pelos pacientes, familiares e atendentes.

Uma observação inicial considerada surpreendente foi a predileção pelo atendimento dos terceiranistas, justamente os menos qualificados tecnicamente, mas, muito por isso, mais afeitos a ouvir. Na medida em que o estudante avançava no curso, aparentemente se tornava mais soberbo e menos tolerante à ignorância dos incautos.

A observação curiosa é que essa discrepância entre qualificação técnica e intolerância se propaga também à pós-graduação, e possivelmente depois dela, até a aposentadoria do pretensioso. Felizmente esse comportamento não é constante, e dele se salvam todos os médicos de verdade, que descobriram o fascínio da reciprocidade e nunca se fartam do encanto que move essa usina de gratidão.

O Cleber foi um aluno questionador e meio irreverente. Quando durante a aula abordávamos um tema da relação médico-paciente que incluísse alguma emoção, era certo que no final ele alongaria a conversa para algum comentário sempre inteligente, mas com uma boa dose de ironia. Não via o Cleber desde a formatura. Um dia desses o encontrei na saída do Centro de Transplantes e perguntei se estava trabalhando na Santa Casa. A resposta inicial identificava a figura debochada de sempre: "Não, professor, eles ainda não se deram conta do talento que estão perdendo! Agora, falando sério, vim lhe procurar porque hoje perdi um paciente querido, relatei para família o que tinha ocorrido, eles me abraçaram e agradeceram comovidos, e tive que correr para o carro porque não queria que me vissem chorar. Então me apressei em lhe contar que estou melhorando!".

Não sei o que me deixou mais feliz: se o Cleber se descobrindo médico ou a pressa em anunciar-me a descoberta.

# Para nunca esquecer

A NOSSA REAÇÃO à tragédia se submete a uma variável poderosa: a distância. A microfatalidade de um familiar parecerá sempre mais importante e comovedora do que a megadesgraça ocorrida do outro lado do mundo. E isso é compreensível: o que não vai alterar a monotonia da nossa rotina pode merecer uma exclamação, mas nada que não se resolva com um bocejo.

Como a nossa sensibilidade pode estar entorpecida, mas não eliminada pela geografia, ao nos aproximarmos do local da iniquidade somos assaltados pela emoção das testemunhas que estavam lá, de alma escancarada. É assim quando os turistas visitam Auschwitz, na Polônia, e encaram as marcas das unhas dos prisioneiros nas paredes de cimento das câmaras de gás, ou excursionam pelo Memorial do 11 de Setembro, em Nova York.

A imagem que arquivei daquele 11 de setembro se diluía com a lembrança do que eu estava fazendo naquela manhã de terça-feira, e recordo o pessoal da UTI correndo para o quarto do plantonista a tempo de ver que o céu azul na extremidade de Manhattan emoldurava as torres gêmeas invadidas por aviões e por fim ruindo, como ninguém imaginou que pudesse acontecer. Pois foi com o sentimento pífio da mera curiosidade que recentemente visitei o 9/11 Memorial Museum, erguido ali onde outrora duas torres tinham se tornado a obsessão dos inimigos por representarem, na parca visão deles, o símbolo mais pungente do capitalismo ateu. Entra-se no Memorial, baixa-se um aplicativo no celular e a partir daí percorre-se durante até três horas o roteiro da tragédia, a começar pelo preâmbulo representado pela explosão de bombas no subsolo do World Trade Center, em 1993. Anos depois, no laptop de um terrorista se encontrou um pedido de desculpas ao seu líder por ter superestimado o dano potencial daquele atentado, mas deixando o alerta que o WTC seguiria como alvo no futuro.

O planejamento audacioso, a escolha do dia (a terça-feira é quando os aviões estão sempre menos lotados e, portanto, haveria menos gente para ser dominada pelos poucos terroristas), a seleção de aeronaves gigantes para voos de costa a costa (os tanques cheios de combustível teriam uma participação crucial no atentado) e, principalmente, a assustadora disponibilidade de fanáticos suicidas, estão brilhantemente relatadas no *Plano de ataque*, de Ivan Sant'Anna, um livro imperdível. Mas nada mexe mais com a emoção dos turistas que percorrem o Memorial do que as fotos das quase 3 mil pessoas, oriundas de 77 países, com idades entre 2,5 e 85 anos, mortas naquele dia fatídico, e os depoimentos de dezenas de testemunhas oculares cujos relatos estão gravados nas paredes. Alguns desses liquidaram com o meu dia, e estão lá disponíveis para liquidar com o seu:

"Estamos nos deslocando muito devagar, não vai dar tempo, nós estamos caminhando para a morte." (Uma agente de segurança ajudando pessoas na descida da escada do 77º andar)

"Eu tentava animar meus companheiros, dizendo: aguentem firme que nós vamos resgatá-los. Mas eu sabia que não havia mais nada que eu pudesse fazer por eles." (Chefe dos bombeiros)
"Eu fiquei parado, vendo aquela mulher olhando para baixo durante um tempo. E, então, ela saltou. Tentei ver para onde, e só havia uma nuvem escura. Foi quando pensei: esta torre, com seus ferros retorcidos e vidros pulverizados, agora tem uma alma humana!" (Um sobrevivente)
"Era uma mulher jovem, com a jaqueta amarela, que olhou um tempo para baixo, depois tirou a jaqueta e pulou. Não sei por que ela fez aquilo, mas não consegui olhar para mais nada." (Um sobrevivente)
"Naquele dia, descendo as escadas o mais rápido que conseguíamos, descobri que o medo tem cara: ele estava estampado na face dos bombeiros jovens que subiam os degraus, carregando equipamento pesado, no esforço desesperado para resgatar pessoas que já estavam condenadas. Como eles." (Uma sobrevivente)
"Eu trabalhava na portaria da Torre Norte. Quando a Torre Sul desmoronou, nós soubemos que a nossa também ia cair porque o rangido era igual. E então começamos a correr tentando escapar da nuvem que baixava. Sou uma mulher grande e forte e puxei pelo casaco xadrez uma menina que só chorava e não saía do lugar. Corri muito puxando aquele casaco, quando a nuvem nos alcançou. Acordei numa ambulância cheia de cortes na cabeça e nas costas. Ainda segurava o casaco xadrez, mas ninguém sabia da menina."

## Quanto importa o que os outros pensam?

A ESCOLHA DE personalidades para serem homenageadas por desempenho superior em suas áreas de atuação pode seguir critérios variados, mas quase todas dão preferência a pessoas mortas, ou seja, aquelas que não têm mais chance de fazer alguma bobagem que possa comprometer a dignidade de quem cometeu o desatino de considerá-las exemplares e especiais. E, assim, esses heróis do seu tempo serão festejados apenas pelos donos do tempo seguinte, porque foram enterrados por contemporâneos incapazes de reconhecer seus méritos.

    A história das artes está repleta de exemplos de verdadeiros gênios que viveram na miséria mais degradante, em conflitos com cônjuges e familiares que protestavam contra a alegada incapacidade de assumir que os sonhos embalados por esses virtuoses solitários nunca seriam mais do que delírios de personalidades obcecadas por utopias que não serviram nem ao menos para alimentá-los decentemente. A maioria sadia desses potenciais injustiçados assimila o desconforto do anonimato injusto e termina se convencendo de que, se ninguém o valoriza, talvez ele esteja mesmo enganado e não seja tão maravilhoso quanto supôs em algum momento de euforia exagerada.

Outros se ressentem, tornam-se amargos e constituem um clube de pessoas lamuriosas e insuportavelmente chatas. Nessa população, inconformada com o que considera uma tremenda injustiça, aloja-se um tipo curioso: o que fantasia sua própria morte e imagina quem e o quanto sofrerá com sua perda nessa irreparável tragédia para a humanidade, que se negou a valorizá-lo quando teve chance e privilégio de fazê-lo e não foi capaz. Essa fantasia de morte idealizada, que não tem idade mas é uma característica recorrente da juventude imatura, não envolve tendência ao suicídio. Nada disso, é apenas uma curiosidade meio mórbida de descobrir o quanto lhe querem os que dizem lhe querer muito.

Durante a cerimônia de Tributo a George Clooney, promovida recentemente pela American Film Institute (AFI), o homenageado contou uma experiência original. Estava em Nova York e, tarde da noite, recebeu uma chamada da esposa de um amigo querido que lhe comunicou que o marido, então com noventa anos, estava nas últimas e que provavelmente não amanheceria. A chamada envolvia um pedido curioso: o velho amigo gostaria que George lhe escrevesse o obituário. Entre chocado e comovido, gastou o resto da noite em pesquisas das inúmeras obras que o amigo produzira ao longo de sua vida profícua e longeva, e compôs o que considerou uma homenagem justa a um grande homem do seu tempo.

Quando terminou, o dia estava amanhecendo, e ele foi para o trabalho com o cuidado de, periodicamente, espiar o celular, na expectativa da notícia ruim. Naquele dia, naquela semana e naquele mês, nada aconteceu, e agora já se passaram quatro anos. Uns dias mais tarde, encontrou a esposa e a questionou: "Afinal, o que aconteceu? E como ele está?".

E ela, então, assumiu: "Por favor, George, não fique bravo. Meu marido está cada dia melhor, mas decidiu investigar o que os seus amados pensavam dele enquanto ele ainda está vivo. E você foi um dos doze amigos queridos que participaram dessa pesquisa. Ah, e ele ficou muito contente e está bem orgulhoso com o reconhecimento de vocês!".

# Os raivosos

Os raivosos sempre existiram, com variações percentuais em função do contexto histórico, mas sempre tendo o outro como alvo indispensável, por que, afinal, que sentido teria uma grande raiva sem um fiel depositário? Em todas as áreas, com vítimas correspondentes, desfilam os raivosos, cheios de uma precária convicção sobre estarem certos, e apesar disso incompreendidos, e desta pretensa incompreensão se abastecem para tentar dissimular a sua estrondosa mediocridade.

Como o raivoso não sobreviveria tendo raiva sozinho, ele tende a buscar companhia, procurando parceiros que indispensavelmente tenham raiva das mesmas coisas, ideias ou pessoas. Essa necessidade de compartilhar faz com que os raivosos se agrupem, e assim nascem as seitas, seguidas por muitos prosélitos.

Para que esse tipo de comunidade se mantenha e prospere, é indispensável que haja um líder, que será identificado como aquele que sinta tanta raiva que os outros passem a temê-lo mais do que respeitá-lo, e que se afirme como um modelo inalcançável na capacidade infinita de odiar.

Não há, nas atitudes e gestos, nenhum indício de generosidade, porque este sentimento, que o raivoso pensa como um sinal de fraqueza, geraria gratidão, e definitivamente não é possível sentir raiva de quem retribua com reconhecimento. E então, para preservar a sua raiva intacta, ele assume a antipatia como doutrina, e é melhor que todos saibam logo com quem estão lidando. Claro que essa descoberta dará uma raiva danada de não ter pensado nisso antes.

O raivoso nunca dá certo no trabalho. No amor. Na vida. Como ele odeia o que faz, e esse rancor é via expressa para a frustração, inconscientemente ele assume a gerência da mais eficiente usina de infelicidade: a incompetência. Como é inevitável que isso seja percebido pelos seus colegas, ele se sentirá abandonado, e isso dá uma raiva! E como ninguém consegue amar um incompetente que além de tudo ainda ficou raivoso, o círculo da tristeza estará fechado.

Quando esse tipo, que sempre existiu mas se mantinha limitado ao restrito círculo da sua tacanhice, descobriu a metralhadora giratória das redes sociais, começou o tempo do ódio ilimitado. As agressões são tão gratuitas que suspeita-se que o raivoso escolha suas vítimas aleatoriamente, e então fica na espreita que ao menos umazinha reaja, para que ele possa descarregar nela todo o ódio que sente de si mesmo, porque, apesar da arrogância, quando apaga a luz, ele se sabe insignificante.

# Dos nossos limites

A PERCEPÇÃO DE que se morre aprendendo tem o seu lado bom, que nos empurra em direção ao novo, e esse é um dos poucos estímulos que resistem à velhice: nunca sabermos de tudo. E tem seu lado ruim, que é conviver diariamente com a nossa inevitável propensão ao erro, que, além de massacrante, consegue ser cruel, como quando percebemos que estamos repetindo erros antigos.

Em se tratando de ciências biológicas ainda há uma imensidão de variáveis, muitas aleatórias e imprevisíveis, todas elas aparentemente concebidas pra alimentar uma virtude: a humildade. Quem erra, como todos os normais, mas ainda assim conserva intacta a soberba, tem um problema sério, de difícil classificação, que presume-se transitar entre o narcisismo exacerbado e a idiotia exuberante. Quando era jovem, percebi que as doenças se repetiam, mas que seus donos eram de uma variedade imensa. Ainda assim, alimentei a ilusão de que era possível me tornar um conhecedor de gente se prestasse atenção nas pessoas. Adiante percebi que não seria o suficiente, apesar de nunca ter desistido de tentar. Mas duas grandes lições estavam à minha espera:

• É possível alguém, normal, desistir da vida. Nada mina mais completamente a vontade de viver do que a percepção de que ele nunca teve, ou teve e perdeu, a reciprocidade de afeto. A vontade de seguir lutando pela vida até o limite é uma exclusividade dos que gostam de afofar porque têm alguém que lhes afofem. Minha experiência inicial com candidatos ao transplante de pulmão, uns sofredores crônicos que eu imaginava que aceitariam qualquer desafio para voltar a respirar, várias vezes bateu de frente com uns tipos amargurados, para os quais o roteiro de sacrifícios não se justificava. Isso se opunha a um sentimento que lhes tomara o espírito nos últimos tempos: estavam a caminho de se livrar, por uma causa natural, de uma vida miserável, da qual eles tiveram desejo, mas não a coragem, de fugir pelo suicídio. E então quase festejavam a proximidade do alívio sem culpados.

- Desejar a morte de um ser amado pode ser um gesto de compaixão. Todos nós consideramos razoável o sofrimento que tenha outro objetivo que não seja morrer. Seu Antônio era um português de olhos azuis, mansos e tristes. Com os pulmões destruídos por enfisema, tinha aquela fragilidade que anuncia um cadáver adiado. Qualquer mudança de temperatura e lá vinha a dona Josita empurrando o carrinho do oxigênio que seu Antônio usava 24 horas por dia. Quando pensávamos que aquela seria a última internação, ele ressuscitava, e depois de uns dias recebia alta hospitalar. A falta de entusiasmo da esposa arrumando a maleta foi o meu primeiro desconforto. Dias depois, estava de volta o Antônio e a sua respiração estertorosa, e uma expressão de sofrimento tão grande, que era difícil ficar por perto, por quanto o convívio significava um insuportável exercício de impotência médica. Naquele dia, na readmissão, a Josita me abraçou e disse: "Como ele está mal, não é, doutor? Acho que desta vez ele não escapa!".

Lembro da náusea que senti. Tinha aprendido a gostar muito do Antônio e fiquei chocado que justo sua mulher estivesse lhe desejando a morte. Meses depois encontrei o filho único do casal, que me contou: "Minha mãe adorava meu pai, que tinha sido o seu primeiro namorado. E sofria tanto com a doença dele, que no inverno passado ela me confessou que, durante as crises de falta de ar, ela pedia a Deus que o levasse porque, sendo um homem tão bom, não merecia sofrer para morrer. Com a morte dele, ela ficou completamente perdida. No mês passado, ela morreu, sem doença que se soubesse. Acho que de tristeza!".

# Os que nunca erram

SE NÃO HOUVESSE tantos incapazes de admitir o erro seríamos poupados do tempo desperdiçado ouvindo desculpas esfarrapadas e explicações fajutas, que chateiam porque não convencem e irritam porque subestimam a nossa inteligência mediana.

Acho que já requintei minha atitude diante da tentativa sempre frustrada dos narcisistas, que muitas vezes, sendo inteligentes, devem perceber que não convencem, mas isso não arrefece o ímpeto de ostentar uma convicção até fazê-la parecer verdadeira, exatamente por se considerarem assim, inteligentes.

Numa fase mais imatura, minha reação em geral era de indignação, geralmente mal contida. Depois me convenci que há do lado de lá um grande sofrimento pela certeza de algum grau de deboche no olho de quem ouve. E imagino que essa já seja uma punição suficiente.

Os juízes, os policiais e, muito antes deles, os padres e rabinos sabem o quanto a confissão de um erro ou pecado retira de peso das costas do confessado. É como um salvo-conduto generoso que liberta a vítima para voltar a viver na plenitude, mesmo que no meio do caminho haja uma penitência a ser cumprida.

Quem trabalha em grupo aprende desde cedo o que significa ter que dar explicação: numa cadeia de responsabilidades e tarefas, alguém não cumpriu a sua parte. Porque é fácil admitir que se todos fizessem tudo o que foi previsto ou determinado nunca mais teríamos que conviver com o constrangimento de suportar alguém tentando explicar o inexplicável.

Na atividade médica, suscetível ao erro como poucas dada a quantidade absurda de variáveis em jogo, há uma enorme dificuldade de admitir que erramos, mesmo quando é óbvio que sim.

Há uma crença ingênua de que a confissão do erro pelo médico vai enfraquecer a relação com o paciente, mas acontece que é exatamente o contrário, pelo menos entre pessoas de boa-fé, o que naturalmente exclui a escória desconfiada, que interroga o médico com o gravador escondido.

Não há nada que aproxime mais o paciente do seu doutor do que ele sentir-se tratado com igualdade. E, acreditem, a confissão sincera do erro oferece uma aproximação emocional inigualável.

Os que se comportam como se fosse proibido errar, além de negarem a condição humana que nos faz falíveis, serão obrigados a conviver com o repúdio, manifesto por impulso, ou contido por educação, de quem estará pensando: "Que pena que o nosso doutor pensa que eu sou tão idiota que não consigo perceber o que, de fato, aconteceu!".

Independente de quais desdobramentos o erro possa ter, a percepção inconfundível no olho do interlocutor de que não estamos convencendo é o maior desconforto possível numa conversa entre um assustado buscando ajuda e um pretensioso negligenciando esperança.

# O QUE AINDA ESTÁ VIVO EM NÓS

A MANEIRA MAIS primitiva de estancar o sofrimento físico, que historicamente tem sido a interrupção da consciência, vem sendo gradativamente substituída pela terapia de manipulação da sensibilidade, de tal maneira que o paciente deixe de receber os estímulos dolorosos ou passe a não os perceber como desagradáveis. Este tem sido um dos prodígios dos laboratórios de realidade virtual que começaram como tratamento de distúrbios psiquiátricos, como síndrome do pânico e medo de se achar só em um lugar aberto (agorafobia), e se estenderam para controle de dores fantasmas e crises de depressão associadas à abandono e solidão. Velhinhos deprimidos em casas de repouso, colocados em ambientes virtuais, são "levados a passear" em lugares maravilhosos com paisagens deslumbrantes, e "voltam" encantados e adormecem sorrindo e dispensam os anti-hipertensivos e as drogas convencionais que lhes impunham um sono forçado e sem sonhos. Mais modernamente, estes recursos têm sido usados no tratamento de dores excruciantes, para as quais nem os opioides funcionam bem. Uma dessas situações é vivenciada repetidamente em clínicas de queimados, onde as trocas diárias das bandagens protetoras e a remoção das crostas de tecido morto provocam as dores mais terríveis que um ser humano possa suportar sem desmaiar. Na última década, neurocientistas da Washington University resolveram testar um videogame chamado Snow World, no qual o jogador se vê num campo gelado e tem que correr se livrando de bolas de neve e ursos e pinguins. A concentração exigida demanda uma tal abstração dos sentidos que os pacientes não requerem analgésicos durante os procedimentos sabidamente dolorosos, e o efeito antálgico é superior ao da morfina. A percepção atual é que estamos apenas engatinhando no controle das nossas sensações primitivas, como dor, ou sofisticadas, como nostalgia e solidão.

Num lar de idosos, a sra. Mildred era uma das pacientes mais antigas com sinais inequívocos de doença de Alzheimer. Seu quarto ficava no fim do corredor, um pouco antes da cozinha, e ela passava a maior parte do dia dormindo. Uma tarde despertou agitada e insistia que queria porque queria falar com a sua mãe. Quando alguém disse que a mãe não estava, ela replicou: "Não tente me enganar, só minha mãe faz roscas com esse cheiro!".

Na ala oncológica do hospital, a dona Sonia anoiteceu agitada. Usando doses maciças de corticoides para tratar um edema decorrente de metástases cerebrais múltiplas, vinha apresentando períodos de desorientação alternados com consciência plena, e exigindo doses crescentes de hipnóticos para dormir, o que angustiava os plantonistas, sempre inseguros com a faixa estreita da sedação adequada e a ameaça da depressão respiratória. A enfermeira de plantão, uma das queridas da dona Sonia, tentou acalmá-la sem sucesso. Então começou a chover, e ela se afastou para fechar as janelas, que davam para o pátio interno. Quando voltou, encontrou o quarto em silêncio, e a velhinha dormindo com um sorriso nos lábios. Na manhã seguinte, quando quis saber como passara a noite, ela confessou: "Foi maravilhosa. Essa parte do pavilhão tem teto de zinco, como a casa da minha avó. Então, quando comecei a ouvir o barulho da chuva, tratei de dormir para sonhar com ela!". Difícil determinar o quanto ainda havia ali de vida disponível. Os apressados diriam que nada, mas com certeza havia. A delicada morte dos sentidos, sim, é o anúncio mais sutil do fim de todas as coisas.

# Compaixão?
## Não pretenda ensinar!

VIVEMOS TEMPOS COMPLICADOS em pedagogia, pois as práticas tradicionais de ensino se tornaram tão rapidamente obsoletas que um número significativo de alunos considera, com justiça, que muitos conteúdos, tímidos se comparados com a internet, funcionam mesmo é como soníferos.

Muitos professores lamentam a crescente falta de interesse dos alunos e insistem em formas de ensino ultrapassadas, do tempo em que o conhecimento era entregue de bandeja, ignorando-se que se a informação não for energizada pela busca do entendimento, ela será varrida da memória com uma velocidade deprimente, mesmo que o cérebro receptor seja brilhante, e a aula tenha sido preparada com dedicação.

A insistência com os métodos arcaicos abriu caminho para o ensino à distância, porque, afinal, se a escola se omite de ensinar o aluno a pensar e joga informações a esmo, o computador pode fazer o mesmo, com menor custo e desgaste.

As escolas médicas, como trabalham com conteúdos técnicos (que estão nos livros com uma abundância que o professor não consegue competir), precisam acordar para uma realidade: o diferencial que a faculdade precisa oferecer é o que não se consegue colocar nos livros. Porque o estudante formado assim, com preocupação exclusiva em diagnóstico e tratamento, mas desprovido de qualificação humanística, será mais adiante um joguete desqualificado no mercado competitivo da medicina moderna.

E é exatamente na profilaxia dessa deformação que a doutrina presencial do professor deve fazer a diferença, ao transmitir vivências e lições que nenhum editor conseguiria incluir no texto técnico.

Naquela tarde, a aula era sobre tumores da traqueia, quando percebi que este assunto, que me encanta, é de uma aridez insuportável para quem não é nem nunca será especialista para se interessar por uma neoplasia que representa menos de um por cento dos tumores do aparelho respiratório.

Então tive uma ideia: ao apresentar o caso seguinte, disse que o paciente tinha sido operado pelo... pelo... Robson, um aluno sonolento da primeira fila que acordou imediatamente, e era pai do... do... William, que tinha aquele olhar congelado de quem olha através do professor sem vê-lo, e que se reconectou com a notícia.

Com todos despertados pelo improviso insólito, pedi que o Robson contasse ao William que o pai dele tinha morrido na cirurgia. A primeira atitude dos dois demonstrou que ambos tinham entrado na história: puseram-se em pé, porque coisas importantes não podem ser anunciadas sem a solenidade de uma postura respeitosa. No final, depois do sofrimento inútil de tentar encontrar um jeito doce de dar a notícia mais amarga, se abraçaram. E nesse momento não era possível distinguir quem era o "doutor". Eles tinham sido nivelados pelo sofrimento da perda e estavam despertando para o significado de ser médico.

Como se pode presumir, a comunicação da morte, por tudo o que encerra de expectativa e sepulta de esperanças, é uma das tarefas mais difíceis que o médico, vencido na sua pretensão máxima de preservar a vida, deve enfrentar com a noção clara de que, no sentimento daquela família, a sua atitude será arquivada como um modelo, de compaixão ou de crueldade.

Vale lembrar que, muitas vezes, todas as palavras podem ser substituídas pela solidariedade de um abraço. E isto, que não cabe num programa de computador, precisa ser ensinado por quem já chorou e abraçou muitas vezes. E sofreu em todas elas, como se cada uma fosse a primeira.

# Sobre o autor

José J. Camargo, ou simplesmente J.J. Camargo, nasceu em Vacaria (RS), onde viveu até os catorze anos, quando mudou-se para Porto Alegre para fazer o segundo grau no Colégio Rosário. Formado em medicina pela Universidade Federal do Rio Grande do Sul (UFRGS), onde obteve posteriormente o grau de mestre e doutor em medicina, fez pós-graduação em cirurgia torácica na Clínica Mayo, nos Estados Unidos.

É diretor de cirurgia torácica da Santa Casa de Porto Alegre e professor desta disciplina na Universidade Federal de Ciências da Saúde de Porto Alegre (UFCSPA).

Foi pioneiro em transplante de pulmão na América Latina, em 1989, e fez o primeiro transplante de pulmão com doadores vivos fora dos Estados Unidos, em 1999.

Idealizador e atual diretor do Centro de Transplantes da Santa Casa, é responsável por mais da metade dos transplantes de pulmão feitos até hoje no Brasil.

É membro titular da Academia Nacional de Medicina e da Academia Brasileira de Médicos Escritores. Escritor, professor e também reconhecido palestrante, tem mais de 1.100 conferências proferidas em 22 países. Desde 2011, é cronista semanal do caderno Vida, de *Zero Hora*.

É autor de seis livros sobre sua especialidade e dos seguintes livros de crônicas: *Felicidade é o que conta* (2017), *O que cabe em um abraço* (2016), *Do que você precisa para ser feliz?* (2015), *A tristeza pode esperar* (2013, Prêmio Açorianos de Literatura 2014 e Prêmio Livro do Ano AGES 2014), todos publicados pela L&PM Editores, e *Não pensem por mim* (AGE, 2008).

lepmeditores
www.lpm.com.br
o site que conta tudo

IMPRESSÃO:

**PALLOTTI**
GRÁFICA

Santa Maria - RS | Fone: (55) 3220.4500
*www.graficapallotti.com.br*